MBRETA E KOFTEVE SHTËPIE

100 VARIACIONE TË RECETAVE TË QOFTEVE TË SHIJSHME

BRIKENA SPAHO

Të gjitha të drejtat e rezervuara.

Mohim përgjegjësie

Informacioni i përmbajtur në këtë eBook ka për qëllim të shërbejë si një koleksion gjithëpërfshirës i strategjive për të cilat autori i këtij libri elektronik ka bërë kërkime. Përmbledhjet, strategjitë, këshillat dhe truket rekomandohen vetëm nga autori, dhe leximi i këtij libri elektronik nuk do të garantojë që rezultatet e dikujt do të pasqyrojnë saktësisht rezultatet e autorit. Autori i librit elektronik ka bërë të gjitha përpjekjet e arsyeshme për të ofruar informacion aktual dhe të saktë për lexuesit e librit elektronik. Autori dhe bashkëpunëtorët e tij nuk do të mbajnë përgjegjësi për ndonjë gabim ose lëshim të paqëllimshëm që mund të gjendet. Materiali në eBook mund të përfshijë informacione nga palë të treta. Materialet e palëve të treta përmbajnë mendime të shprehura nga pronarët e tyre. Si i tillë, autori i librit elektronik nuk merr përsipër përgjegjësi ose përgjegjësi për ndonjë material ose opinion të palëve të treta.

Libri elektronik është me të drejtë autori © 2022 me të gjitha të drejtat e rezervuara. Është e paligjshme të rishpërndash, kopjosh ose krijosh vepra të prejardhura nga ky eBook tërësisht ose pjesërisht. Asnjë pjesë e këtij raporti nuk mund të riprodhohet ose ritransmetohet në çfarëdolloj riprodhimi ose ritransmetimi në çfarëdo forme pa lejen e shkruar dhe të nënshkruar nga autori.

TABELA E PËRMBAJTJES

TABELA E PËRMBAJTJES 3

PREZANTIMI 6

MËNGJESI 7

   1. Frittata me qofte mozzarella 8
   2. Qofte për mëngjes 12
   3. Tavë për mëngjes me qofte dhe patate 15
   4. Qofte për mëngjes me sallam, vezë dhe djathë 18

MEZHET DHE SNACKS 20

   5. Qofte aligatori 21
   6. Qofte dreri me salcë kremoze të koprës 23
   7. Qofte të mbështjellë me proshutë 26
   8. Topa lakër turshi 28
   9. Qofte me meze Chipotle 31
   10. Qofte me meze nga Lindja e Largët 34
   14. Qofte koktej me boronicë 45
   15. Qofte vere 48
   16. Çuletas 51
   17. Qofte për festën e pjatës së çajit 53

DREKË DHE DARKË 56

   18. Qofte qengji të mbushura me feta me salcë feta 57
   19. Qofte vegane suedeze dhe lëng mishi 61
   20. Qofte kamboxhiane me bar limoni 66
   21. Qofte me qepë dhe gjeldeti me bourbon-boronicë 70
   22. Qofte pule me salcë perle 75
   23. Qofte siciliane 79
   24. Qofte derri dhe kopër me tagliatelle 83

SUPAT DHE MEQE ME QOPLE 146

   47. Qofte me erëza qengji dhe supë escarole 147

48. Supë me qofte dreri 151
49. Qofte stroganof 153
50. Qofte franceze me qepë 155
51. Straciatelle me qofte 158
52. Supë me qofte dhe ravioli 161
53. Supë bullgare me qofte 164
54. Supë me qofte tortilla meksikane 167
55. Supë me qofte limoni 169
56. Supë bullgare me qofte 172
57. Supë me qofte aziatike 175
58. Supë me qofte xhenxhefil dhe lakërishtë 178
59. Zierje me top mishi italiane 181
60. Qofte në salcë kremi 184
61. Sopa de albondigas 187

SALATA ME QOPLE 190

62. Qofte daneze me sallatë kastravec 191
63. Sallatë me qofte orientale 194
64. Qofte me sallatë domate 197

BURGER, MBËSHTETJE DHE SANDWICHES 200

65. Qofte derri djegës me xham soje Bánh Mi 201
66. Qofte Nën 207
67. Nën topin vegjetal 210
68. Topa me hamburger me proshutë 213
69. Sanduiçe me qofte te nxehta 216
70. Qofte-patellxhan nen 218
71. Sanduiçe heronj qofte 221
72. Qofte-patellxhan nen 224

QOFTE DHE PASTA 227

73. Rigatoni dhe qofte të pjekura 228
74. Pena të pjekura me qofte gjeli 231
75. Qofte dhe makarona të shkurtra 234

KOFET PËR NDËRTIMIN E MUSKUJVE 243

78. Qofte pule italiane me spageti 244
79. Qofte me gjeldeti mesdhetare me Tzatziki 248
80. Qofte perimesh dhe viçi Marinara 252
81. Qofte me 6 përbërës 256
82. Qofte gjeldeti, molle dhe sherebele 259
83. Qofte aziatike me glaze molle hoisin 262
84. Kungull i mbushur me qofte pule 266
85. Qofte pule Barbecue Honey 270
86. Qofte me patate të ëmbël gjeldeti 274

QOFTE VEGAN 276

87. Topa tofu 277
88. Makarona me qofte vegane me një tenxhere 280
89. Topa mishi vegan të pjekura në furrë 283
90. Qofte pa mish 286
91. Qofte vegjetariane 289
92. Qofte limoni me rigon 292
93. Qofte me thjerrëza 295
94. Kopjoni Ikea Veggie Balls 297
95. Qofte quinoa 300
96. Qofte me qiqra pikante 303
97. Qofte vegane me kërpudha 306
98. Spageti me topa mishi vegan 309

ËMBËLLËMBËLIRËS ME QOPLE 312

99. Byrek bariu me qofte 313
100. Byrek me qofte spageti 316

PËRFUNDIM 319

PREZANTIMI

Nëse nuk jeni vegan, nuk ka shumë gjëra të këqija për të thënë për mikun tonë të shijshëm, qoftet. Plus, edhe nëse jeni vegan, mund të shijoni alternativa të shkëlqyera me bazë bimore që edhe miqtë tuaj mishngrënës do ta kishin të vështirë të bënin dallimin.

MËNGJESI

1. Frittata me qofte Mozzarella

4 porcione

Përbërësit

- 1 lugë gjelle vaj ulliri ekstra i virgjër, i ndarë
- 2 thelpinj hudhër, të prera në feta
- 1 filxhan domate rrush ose qershi, të përgjysmuar
- Kripë deti e imët dhe piper i zi i sapo bluar
- 8 vezë të mëdha
- 2 lugë djathë parmixhano të grirë
- 2 lugë gjelle gjethe borziloku të grira
- $\frac{1}{2}$ paund qofte (prerë në gjysmë nëse ka më shumë se 1 inç në diametër)
- 4 ons mocarela, mundësisht e freskët, e prerë në copa $\frac{1}{2}$ inç

Drejtimet:

a) Ngrohni furrën në 425°F.

b) Në një tigan të madh rezistent ndaj furrës dhe mundësisht jo ngjitëse, ngrohni $\frac{1}{2}$ lugë gjelle vaj ulliri mbi nxehtësinë mesatare-të lartë. Shtoni hudhrën dhe gatuajeni për 30 sekonda, më pas shtoni domatet dhe pak kripë. Gatuani, duke e trazuar një ose dy herë, derisa lëngjet e domates të jenë viskoze dhe me shkëlqim, rreth 2 minuta. Hidhni domatet në një pjatë dhe përdorni një shpatull silikoni për të gërvishtur edhe lëngjet ngjitëse të domates në pjatë.

c) Rrihni vezët derisa të përzihen mirë, më pas përzieni parmixhanin dhe borzilokun. I rregullojmë me kripë dhe piper.

d) Ngrohni ½ lugë gjelle vaj ulliri të mbetur në tigan mbi nxehtësinë mesatare-të lartë. Vendosni qoftet në tepsi, prisni anët nëse janë përgjysmuar. Spërkatini në mënyrë të barabartë domatet. Hidhni përzierjen e vezëve, duke përdorur një pirun për të rishpërndarë në mënyrë të barabartë domatet ose borzilokun nëse është e nevojshme. Spërkateni mocarelën në mënyrë të barabartë në të gjithë pjesën e sipërme. Gatuani derisa buza e frittatës të fillojë të ngurtësohet, më pas përdorni një shpatull silikoni për ta larguar pak vezën e gatuar nga ana e tiganit, duke e lënë vezën e papërpunuar të rrjedhë pas saj. Përsëriteni disa herë dhe gatuajeni derisa vezët të jenë pothuajse të vendosura rreth perimetrit të tiganit, rreth 5 minuta.

e) Vendoseni tavën në furrë dhe piqni derisa vezët të vendosen në qendër dhe sipër të jetë e mbushur me njolla kafe të thekura, rreth 5 minuta. Ndizni broilerin dhe ziejini për 1 minutë për të ndihmuar në vendosjen e majës dhe për të nxitur kafshimet e djathit të pjekur me flluska.

f) Hiqeni tiganin nga furra. Frittata hiqet më lehtë nga tigani pasi pushoni për 5 minuta. Rrëshqitni shpatullën poshtë për të liruar, më pas mbulojeni tiganin me një pjatë të madhe ose tigan pica dhe kthejeni frittatën mbi të.

g) Kthejeni frittatën edhe një herë në një pjatë servirjeje ose dërrasë prerëse në mënyrë që të jetë me anën e djathtë lart.

2. Qofte për mëngjes

Rendimenti: 20 qofte

Përbërësit:

- 1 kile sallam mëngjesi
- 1 mollë e vogël Granny Smith, e qëruar dhe e grirë (rreth 1/2 filxhan)
- 1/2 filxhan bukë të thjeshtë
- 1/2 filxhan djathë çedër të grirë të grirë
- 1/4 filxhan qepë të grirë
- 1 lugë çaji trumzë e tharë
- 1/2 filxhan shurup panje

Drejtimet

a) Ngrohni furrën në 350°F. Rreshtoni një fletë pjekjeje me letër alumini dhe lyejeni lehtë me llak që nuk ngjit. Le menjane.

b) Në një tas të madh bashkoni salsiçen, mollët, thërrimet e bukës, djathin, qepën dhe trumzën me një lugë druri ose me duart tuaja.

c) Formoni përzierjen në qofte të madhësisë së topit të golfit, rreth 1 1/2-inç në diametër. Vendoseni në një distancë të barabartë në fletën e përgatitur për pjekje.

3. Tavë për mëngjes me qofte dhe patate

Serbimet: 4

Përbërësit

- 1 pako (20 oz.) Qofte viçi Rosina Angus ose 1 pako (26 oz.) Qofte Rosina në stilin italian
- ⅓ filxhan vaj ulliri
- 1 qese (28 oz.) patate të ngrira me speca dhe qepë
- ¾ filxhani djathë çedër i grirë

Drejtimet

a) Shkrini pjesërisht qoftet në mikrovalë për 1 minutë. Pritini çdo qofte në 3 feta. Ngrohni vajin në një tigan të madh në zjarr mesatar, shtoni në tigan patatet dhe qoftet e prera në feta.

b) Përziejeni lehtë përzierjen dhe shtypeni në një shtresë të barabartë. Gatuani të patrazuar për 5 minuta derisa në fund të formohet një kore kafe e lehtë.

c) Pritini përzierjen në disa pjesë, kthejeni secilën pjesë dhe gatuajeni për 5 minuta derisa të skuqet dhe të bëhet e freskët në fund. E heqim nga zjarri dhe e spërkasim me djathë. E mbulojmë me letër kallaji dhe e lëmë të pushojë për 2 minuta derisa djathi të shkrihet.

d) Shërbejeni si vakt të plotë ose si pjatë anësore me vezë të fërguara, salsa dhe salcë kosi.

4. Qofte për mëngjes me sallam, vezë dhe djathë

rendimenti: 24 qofte

Përbërësit

- 1 kile sallam i bluar mëngjes
- 2 vezë, të rrahura
- 1/2 filxhan djathë çedër të grirë
- 1/4 filxhan thërrime buke pa gluten
- 1/4 filxhan shurup panje

Drejtimet

a) Ngroheni furrën në 425 gradë. Rreshtoni një fletë pjekjeje me raft teli dhe lëreni mënjanë.

b) Në një tigan mbi nxehtësinë mesatare të ulët, përzieni 2 vezë të rrahura mirë derisa të jenë gati. Thyeni vezët e gatuara në copa të vogla me një copëz ushqimi ose thikë.

c) Në një tas të madh përzierjeje, shtoni të gjithë përbërësit. Përdorni një lugë druri për të kombinuar gjithçka derisa të përzihet. Mos e teproni me përzierjen e mishit.

d) Përdorni një lugë biskotash për të matur 24 qofte me madhësi të njëtrajtshme. Rrotulloni qoftet në duar dhe vendosini në fletën e biskotave.

e) Piqeni për 25 minuta. Lëreni të ftohet 5 minuta para se të hani.

f)   Shërbejeni me shurup panje për zhytje.

MEZHET DHE SNACKS

5. Qofte aligatori

Rendimenti: 3-4

Përbërësit:

- 2 paund aligator
- 1/2 paund sallam i bërë në shtëpi
- 2 gota sofrito të skuqura dhe të ftohura
- 1 lugë gjelle kajen
- 1 1/2 lugë piper
- 1 lugë gjelle kripë
- 1 lugë erëza Meat Magic
- 1 filxhan thërrime buke

Drejtimet:

a) Grini ashpër aligatorin.

b) Shtoni përbërësit e mbetur dhe përziejini mirë.

c) Formoni qofte 2 1/2 ons. Vendosni qoftet në një tavë hoteli dhe mbushni rreth 1 inç me lëng pule.

d) Mbulojeni me leter dhe gatuajeni ne 350 grade per 45 minuta.

6. Qofte dreri me salcë kremoze të koprës

Rendimenti: 3-4

Përbërësit:

Për qoftet:

- 2 paund mish dreri i bluar
- 2 lugë çaji kripë
- 1/2 lugë çaji piper
- 2 vezë
- 1/3 filxhan qepë të grirë hollë
- 1/2 filxhan gjalpë të shkrirë
- 1/2 filxhan krem të rëndë
- 2 gota thërrime buke / krunde gruri

Për salcën e koprës:

- 1/2 filxhan gjalpë të shkrirë
- 1/4 filxhan miell
- 1 filxhan lëng mishi kockash (gjysmë pako)
- 2 gota salcë kosi
- 1 lugë gjelle barërat e këqija të koprës

- 1/2 lugë çaji speca erëzash

Drejtimet:

a) Ngroheni furrën në 375 gradë.

b) Lyejeni lehtë një fletë pjekjeje të rrethuar me vaj ulliri ose avokado.

c) Për të përgatitur salcën e koprës, përzieni miellin në gjalpë të shkrirë derisa të jetë homogjen, më pas përzieni lëngun e kockave. Në fund hidhni salcën e thartë dhe erëzat. Le menjane.

d) Në një enë tjetër të madhe, bashkoni thërrimet e bukës, kripën dhe piperin, vezët e rrahura dhe kremin. Lëreni të zhyten për 1 deri në 2 minuta. Shtoni qepët dhe mishin e mishit të mishit të mishit të mishit të mishit, duke i përzier butësisht me dorë që të bashkohen. Mos e teproni me punë.

e) Hapni qofte me madhësi të topit të golfit.

f) Vendosni qoftet në një tepsi. Hidhni pak gjalpë të shkrirë sipër qofteve.

g) Piqni për 15 minuta, kthejeni dhe piqni edhe për 15 të tjera ose derisa të marrin ngjyrë kafe dhe të gatuhen.

h) Për t'i shërbyer, spërkatni qoftet me salcë kopër. Për më shumë argëtim, shtoni hell të vegjël në çdo qofte.

7. Qofte të mbështjellë me proshutë

Përbërës

- ½ paund mish viçi i bluar
- ¼ filxhan ujë të ftohtë
- 2 lugë çaji qepë të grira
- ½ lugë çaji kripë
- ¼ lugë çaji piper i kalitur
- 4 feta proshutë; prerë në gjysmë në mënyrë tërthore

Drejtimet:

a) Kombinoni 5 përbërësit e parë duke i përzier mirë; formësoni 8 qofte. Rrotulloni copat e proshutës rreth qofteve dhe sigurojeni me kruese dhëmbësh.

b) skuqeni në zjarr mesatar derisa proshuta të jetë e freskët dhe kafe; kullojnë yndyrën. Nëse qoftet nuk janë gati, mbulojeni dhe ziejini edhe 5 deri në 7 minuta të tjera.

8. Topa lakër turshi

Përbërës

- 1 qepë mesatare, e grirë
- 2 lugë gjelle gjalpë
- 1 mund të dërgojë mesazhe të padëshiruara (tokë)
- 1 filxhan mish viçi i grirë
- ¼ lugë çaji kripë hudhër
- 1 lugë gjelle Mustardë
- 3 lugë majdanoz i grirë
- 2 gota lakër turshi
- ⅔ filxhan miell
- ½ filxhan lëng viçi ose kub bujoni, i tretur në 1/2 filxhan ujë
- 2 vezë të rrahura mirë
- ½ filxhan thërrime buke
- ⅛ lugë çaji Piper

Drejtimet:

a) kaurdisni qepët në gjalpë, shtoni spam, mishin e grirë. Gatuani 5 minuta dhe përzieni shpesh. Shtoni kripë hudhër, mustardë, majdanoz, piper, lakër turshi, ½ filxhan miell dhe lëng viçi. Përziejini mirë. Gatuani për 10 minuta.

b) Përhapeni në pjatë të ftohet. Formoni topa të vegjël. Rrotulloni në miell, zhyteni në vezë dhe rrotulloni në thërrime. Skuqini në yndyrë të nxehtë në 375 gradë deri në kafe të artë.

9. Qofte me meze çipotle

Përbërës

- 1 qepë mesatare; i copëtuar
- 4 thelpinj hudhër; i copëtuar
- 1 lugë gjelle vaj vegjetal
- 1 filxhan salcë domate
- 2 gota lëng mishi
- ¼ filxhan Chipotles adobo së bashku me salcën
- 1 kile mish viçi i bluar
- 1 kile mish derri i bluar
- ½ filxhan qepë të grirë imët
- ¼ filxhan cilantro e freskët e grirë imët
- ½ filxhan thërrime buke
- 1 vezë; i rrahur
- Kripë dhe piper i zi i sapo bluar
- Vaj vegjetal për tiganisje

Drejtimet:

a) Kaurdisni në vaj qepën dhe hudhrën derisa të skuqen lehtë. Shtoni salcën e domates, lëngun e mishit dhe çipotet në salcën adobo.

b) Kombinoni viçin, mishin e derrit, qepën, cilantron, thërrimet e bukës, vezën dhe rregulloni me kripë dhe piper. Përziejini butësisht dhe më pas formoni qofte të vegjël.

c) Hidhni disa lugë vaj në një tenxhere të rëndë dhe skuqni qoftet.

10. Qofte me meze nga Lindja e Largët

Përbërës

- 1 kanaçe për drekë të padëshiruar; (12 oz)
- ⅔ filxhan Thërrime buke të thata
- ½ filxhan Lakër fasule të grira të kulluara mirë
- ¼ filxhan qepë të gjelbra të copëtuara
- ¼ lugë çaji xhenxhefil pluhur
- Piper i zi i freskët i bluar; për shije
- Zgjedhjet e koktejve

Salcë zhytjeje

- 1 filxhan lëng domate
- ¼ filxhan piper jeshil i grirë imët
- ⅓ filxhan qepë të njoma të grira imët
- ¼ lugë çaji Xhenxhefil i bluar

Drejtimet:

a) Kombinoni Spam-in e bluar me thërrimet e bukës, lakër fasule, qepë, xhenxhefil dhe piper.

b) Formoni përzierjen në 24 topa. Vendoseni në raft në një tavë të cekët për pjekje; e pjekim ne furre 425 grade per 15 minuta. Ftoheni në temperaturën e dhomës.

c) Hidhni qofte me shtiza në kazanët e koktejit dhe zhytni në salcë të nxehtë të zhytjes në Lindjen e Largët.

d) Salca e zhytjes në Lindjen e Largët: Në një tenxhere të vogël, kombinoni të gjithë përbërësit. Lëreni të vlojë; ziej, pa mbuluar, 5 minuta. Shërbejeni të nxehtë.

11. Qofte panje

Serbimet: 5-6

Përbërësit:

- 1 - 26 oz. qese me qofte viçi
- 1/2 filxhan shurup panje të vërtetë
- 1/2 filxhan salcë djegës
- 2 lugë çaji qiqra të thata (ose 2 lugë qiqra të freskëta)
- 1 lugë gjelle salcë soje
- 1/2 lugë çaji mustardë e bluar

Drejtimet:

a) Në një tenxhere, kombinoni shurupin e panjës, salcën djegës, qiqrat, salcën e sojës dhe mustardën e bluar.

b) Lëreni në një valë të ulët. Shtoni qoftet në tenxhere dhe kthejini të ziejnë.

c) Ziejini në zjarr mesatar për 8-10 minuta, duke i përzier herë pas here derisa qoftet të nxehen plotësisht.

d) Shërbejeni si meze me kruese dhëmbësh ose sipër orizit të zier të nxehtë.

12. Qofte të mprehta aziatike

Servings: 10-12

Përbërësit:

- 1 - 20 oz. qese me mish viçi Qofte
- 2/3 filxhan salcë hoisin
- 1/4 filxhan uthull orizi
- 2 thelpinj hudhre, te grira
- 2 lugë salcë soje
- 1 lugë çaji vaj susami
- 1 lugë çaji xhenxhefil të bluar
- 1/4 filxhan lustër teriyaki
- 1/4 filxhan sheqer kaf
- farat e susamit, sipas dëshirës

Drejtimet:

a) Ngrohni furrën dhe gatuani qoftet sipas udhëzimeve të paketimit. Le menjane.

b) Ndërsa qoftet po piqen, përzieni të gjithë përbërësit e salcës në një tas derisa të përzihen mirë.

c) Pasi qoftet të kenë mbaruar zierjen, mund ta zhytni secilin qofte individualisht (duke përdorur një kruese dhëmbësh) në përzierjen e salcës, ose mund ta hidhni salcën mbi qoftet dhe t'i trazoni butësisht derisa të mbulohen me përzierjen e salcës.

d) Shërbejeni sipër orizit dhe zbukurojeni me bizele bore dhe shirita piper të kuq të pjekur si para ose si meze me kruese dhëmbësh.

13. Meze suedeze me top mishi

Përbërës

- 2 lugë vaj gatimi
- 1 kile mish viçi i bluar
- 1 vezë
- 1 filxhan thërrime buke të buta
- 1 lugë çaji Sheqer kaf
- ½ lugë çaji kripë
- ¼ lugë çaji Piper
- ¼ lugë çaji Xhenxhefil
- ¼ lugë çaji Karafil i bluar
- ¼ lugë çaji arrëmyshk
- ¼ lugë çaji kanellë
- ⅔ filxhan qumësht
- 1 filxhan salcë kosi
- ½ lugë çaji kripë

Drejtimet:

a) Ngrohni vajin e gatimit në tigan. Përziejini së bashku të gjithë përbërësit e mbetur, përveç kosit dhe ½ lugë çaji kripë.

b) Formoni topa mishi me madhësi meze (rreth 1" në diametër). E skuqni me vaj gatimi nga të gjitha anët derisa të gatuhet plotësisht.

c) Hiqeni nga tigani dhe kullojeni në peshqir letre. Hidhni yndyrën e tepërt dhe ftohni pak tiganin. Shtoni një sasi të vogël të salcë kosi për të rrahur kafe dhe përzieni. Më pas shtoni kosin e mbetur dhe ½ lugë çaji kripë, duke e trazuar për t'u përzier.

14. Qofte kokteji me boronicë

Përbërës

- 2 paund Chuck, i bluar
- 2 vezë
- ⅓ filxhan Catsup
- 2 lugë salcë soje
- ¼ lugë çaji Piper
- 12 ons salcë djegës
- 1 lugë gjelle lëng limoni
- 1 filxhan Corn flakes, thërrime
- ⅓ filxhan majdanoz, i freskët, i grirë
- 2 lugë qepë, të gjelbër dhe të grirë
- 1 çdo thelpi hudhër, të shtypur
- 16 ons salcë boronicë
- 1 lugë sheqer kaf

Drejtimet:

a) Kombinoni 9 përbërësit e parë në një tas të madh; trazojini mirë. Formoni përzierjen e mishit në topa 1 inç.

b) Vendoseni në një tepsi të palyer me xhel 15x10x1. Piqni të pambuluar në 500F për 8-10 minuta.

c) Kullojini qoftet dhe kalojini në një enë që zihet dhe mbajini të ngrohta.

d) Kombinoni salcën e boronicës së kuqe me përbërësit e mbetur në një tigan. Gatuani mbi nxehtësi mesatare derisa të marrë flluska, duke e trazuar herë pas here; hidhni mbi qofte. Shërbejeni të ngrohtë.

15. Qofte vere

Përbërës

- 1½ paund Chuck, i bluar
- ¼ filxhan thërrime buke, të kalitura
- 1 qepë mesatare; i copëtuar
- 2 lugë çaji Rrikë, të përgatitur
- 2 thelpinj hudhre; i grimcuar
- ¾ filxhan lëng domate
- 2 lugë çaji kripë
- ¼ lugë çaji Piper
- 2 lugë margarinë
- 1 qepë mesatare; i copëtuar
- 2 lugë miell, për të gjitha përdorimet
- 1½ filxhan lëng mishi
- ½ filxhan verë, e kuqe e thatë
- 2 lugë sheqer, kafe
- 2 lugë Catsup
- 1 lugë gjelle lëng limoni
- 3 Gingersnaps; i shkërmoqur

Drejtimet:

a) Kombinoni 8 përbërësit e parë duke i përzier mirë. Formoni topa 1"; vendosini në një enë pjekjeje 13x9x2". E pjekim ne 450 grade per 20 minuta. Hiqeni nga furra dhe kulloni yndyrën e tepërt.

b) Ngrohni margarinën në një tigan të madh; skuqni qepën derisa të zbutet. Përzieni me miell; shtoni gradualisht lëngun e mishit, duke e përzier vazhdimisht. Shtoni përbërësit e mbetur.

c) Gatuani mbi nxehtësi të ulët për 15 minuta; shtoni qoftet dhe ziejini për 5 minuta.

16. Çuletas

Përbërës

- 2 paund mish viçi i bluar
- 2 gota degë majdanozi; I grirë
- 3 qepë të verdhë; I grirë
- 2 vezë; pak i rrahur
- 1 lugë gjelle Kripë
- ½ filxhan djathë parmixhano; I sapo grirë
- ½ lugë çaji salcë tabasko
- 1 luge piper i zi
- 3 gota thërrime buke të thata
- Vaj ulliri

Drejtimet:

a) përzieni të gjithë përbërësit përveç thërrimeve. Formoni topa të vegjël me madhësi kokteji.

b) Roll topa në thërrime buke. Ftoheni mirë. Skuqeni në vaj ulliri tre deri në katër minuta. Transferojeni në një pjatë që piqet. Shërbejeni me salcën tuaj të preferuar si salcë zhytjeje. Bën rreth 15 për kilogram mish viçi të bluar.

17. Qofte për festa me pjatë

Përbërës

- 1 kile mish viçi i bluar
- ½ filxhan Bukë të thatë të imët
- ⅓ filxhan qepë; i grirë
- ¼ filxhan qumësht
- 1 vezë; i rrahur
- 1 lugë majdanoz i freskët; i grirë
- 1 lugë çaji Kripë
- ½ lugë çaji Piper i zi
- 1 lugë gjelle salcë Worcestershire
- ¼ filxhan shkurtues perimesh
- 1 shishe salcë djegës 12 oz
- 1 kavanoz pelte rrushi 10 oz

Drejtimet:

a) Formoni qoftet 1" në një tigan elektrik në shkurtim të nxehtë në zjarr mesatar për 10-15 minuta ose derisa të marrin ngjyrë kafe. Kullojini në peshqir letre.

b) Kombinoni salcën djegës dhe pelte rrushi në një tenxhere të mesme (ose të njëjtën tigan elektrike); trazojini mirë.

Shtoni qoftet dhe ziejini në zjarr të ulët për 30 minuta, duke i përzier herë pas here.

c) Shërbejeni me kruese dhëmbësh nga një pjatë e thatë për t'u ngrohur

DREKË DHE DARKË

18. Qofte qengji të mbushura me feta me salcë feta

Rendimenti: 2-3

Përbërësit:

Për qoftet:

- 1 luge vaj ulliri
- 1 qepë mesatare të verdhë; prerë imët
- 1 kile qengji i bluar amerikan nga Superior Farms
- 1 vezë shumë e madhe
- 4 thelpinj hudhër; grirë imët
- 1/2 lugë çaji kripë kosher
- 1/4 lugë çaji piper i zi i grirë
- 1 lugë çaji erëza piper limoni
- 1 lugë gjelle lëvore limoni; të freskëta
- 1 lugë gjelle rigon; të freskëta të copëtuara
- 1 lugë majdanoz të thatë
- 1 ons ullinj kalamata, të copëtuara
- 4 ons feta; Stili francez (si Valbreso)

Për salcën:

- 4 ons feta; Stili francez (si Valbreso)
- 1/2 filxhan kos të thjeshtë
- 1 thelpi hudhër; bërë në një pastë
- 1 limon i vogël; lëvore dhe lëng
- 2 lugë gjelle barishte të freskëta (kopër, rigon, majdanoz, qiqra)

Drejtimet:

a) Ngrohni vajin e ullirit në një tigan mbi nxehtësinë mesatare. Shtoni qepët e grira dhe karamelizoni për 5 deri në 10 minuta derisa të marrin ngjyrë të artë rreth skajeve. Hiqeni nga tigani me një lugë të prerë dhe lëreni të ftohet pak.

b) Vendosni mishin e qengjit, vezën, hudhrën, erëzat, lëkurën dhe ullinjtë në një tas. Përdorni një pirun për ta kombinuar butësisht derisa përzierja të bashkohet.

c) Peshoni porcionet prej 2 ons - do të keni 10 qofte. Përdorni duar të pastra për të bërë butësisht një gropë në qendër të secilit qofte, duke vendosur pak djathë feta në qendër dhe duke e mbyllur për t'u mbyllur. Përsëriteni derisa të gjithë qoftet të mbushen me feta.

d) Vendosni qoftet në raftin e një tigani me ajër dhe gatuajeni në 350 gradë për 8 minuta për tufë. Nëse përdorni furrën, gatuajeni në të njëjtën temperaturë për të njëjtën kohë.

Për një temperaturë mesatare, temperatura e brendshme e qofteve duhet të jetë 160 gradë.

e) Duke përdorur darë, hiqni me kujdes qoftet nga fryerja dhe vendosini në një pjatë servirjeje. Shpërndajeni me barishte të freskëta dhe shërbejeni të ngrohtë me salcë feta.

19. Qofte vegane suedeze dhe lëng mishi

Rendimenti: 2-3

Përbërësit:

Për qoftet

- 2 luge vaj ulliri
- 1 patëllxhan mesatar, rreth 1 kile, i qëruar dhe i prerë në kube 1 inç
- 1 qepë e vogël, e grirë hollë, rreth 1/2 filxhan
- 1 lugë çaji kripë
- 3 thelpinj hudhre te medha, te grira, rreth 1 luge gjelle
- 1 filxhan tërshërë të modës së vjetër
- 2 filxhanë bukë të thjeshtë ose panko, të ndara
- 1/2 filxhan arra
- 1/2 lugë gjelle kripë
- 1/4 e lugës speca të grirë
- 1/4 lugë gjelle arrëmyshk i bluar
- 1/4 e lugës piper të zi të bluar
- 1 (15 1/2 ons) konservë fasule të bardha, të kulluara dhe të shpëlarë

Për lëng mishi

- 1/4 filxhan gjalpë vegan
- 1/4 filxhan miell për të gjitha përdorimet
- 3 gota supë perimesh
- 1/3 filxhan maja ushqyese
- 2 lugë tamari ose salcë soje
- 1 lugë gjelle salcë vegane Worcestershire
- 1/3 filxhan maja ushqyese
- 2 lugë çaji Dijon ose mustardë e verdhë
- 1/2 lugë çaji piper i bardhë i bluar
- 1 filxhan jogurt i thjeshte pa sheqer, pa bulmet

Drejtimet:

a) Për të bërë qoftet, ngrohni vajin në një tigan të madh mbi nxehtësinë mesatare. Shtoni patëllxhanin, qepën dhe kripën. Gatuani, duke e trazuar herë pas here, për 15 deri në 20 minuta derisa patëllxhani të jetë i tejdukshëm dhe shumë i butë. Shtoni hudhrën në dy minutat e fundit të gatimit. Hiqeni nga zjarri dhe lëreni mënjanë.

b) Ngroheni furrën në 375 gradë. Shtroni një tepsi me letër pergamene. Nëse keni një përpunues të vogël ushqimi, ky hap tjetër duhet të bëhet në mënyrë të barabartë në dy grupe.

c) Në një përpunues ushqimi, pulsoni së bashku tërshërën, 1 filxhan thërrime buke, arrat, kripën, specin erëzash, arrëmyshkun dhe piperin e zi. Shtoni fasulet e bardha dhe përpunoni derisa të kombinohen. Transferoni patëllxhanin në procesorin e ushqimit, grijini çdo grimcë kafe në tigan dhe pulsoni derisa gjithçka të kombinohet. Përzierja duhet të jetë e përzier mirë, por të ruajë një strukturë. Lëreni tiganin mënjanë për të bërë lëng mishi.

d) Përhapeni 2 lugë vaj në pergamenë. Vendosni 1 filxhan të mbetur të bukës në një tas të vogël.

e) Duke përdorur një lugë gjelle ose një lugë porcion, formoni përzierjen në topa rreth 1 1/2 inç në diametër. Secilin e rrotullojmë në thërrime buke dhe e rregullojmë në tepsi.

f) Piqni për rreth 30 minuta derisa qoftet të jenë të forta dhe krokante nga jashtë.

g) Ndërsa qoftet po piqen, bëni lëngun e lëngut.

h) Shkrini gjalpin në tiganin e patëllxhanit. Hidhni miellin dhe gatuajeni për 3 deri në 4 minuta. Hidhni lëngun me lëng mishi dhe përzieni derisa të jetë e qetë dhe e trashur. Përzieni majanë ushqyese, tamarin, salcën Worcestershire, mustardën, piperin dhe kripën. Ziejeni butësisht mbi nxehtësinë mesatare-të ulët derisa lëngu të trashet, rreth 5 minuta.

i) Përzieni kosin. Shijoni dhe shtoni më shumë kripë nëse dëshironi. Kaloni qoftet në tigan dhe hidhni sipër tyre lëng mishi me lugë. Gatuani butësisht për rreth 5 minuta. Transferoni në një pjatë për servirje, spërkatni me majdanoz dhe shërbejeni. Ngrini qoftet dhe salcën shtesë veçmas për deri në 3 muaj.

j) Për t'i shërbyer, kaurdisni perime të spiralizuara, si kungull i njomë, petë të gatuara ose pure patatesh dhe shtoni majdanoz të grirë për zbukurim.

20. Qofte kamboxhiane me bar limoni

Rendimenti: 2-3

Përbërësit:

Për qoftet:

- 1 kile mish derri te bluar
- 1/2 filxhan qepë të grirë
- 2 thelpinj hudhre, te grira
- 1 vezë
- 1/4 filxhani thërrime buke
- 1 lugë gjelle kerri kamboxhiane
- 1 lugë gjelle borzilok të freskët të grirë, plus më shumë për zbukurim
- 1 lugë gjelle salcë soje

Për salcën:

- 1/4 filxhan salcë soje
- 2 thelpinj hudhre, te grira
- 2 lugë salcë hoisin
- 2 lugë mjaltë

- 1 lugë gjelle uthull orizi
- 2 lugë çaji kerri kamboxhiane
- 1 lugë çaji vaj djegës të nxehtë
- Farat e thekura të susamit për zbukurim

Drejtimet:

Për qoftet:

a) Ngroheni furrën në 400 gradë dhe shtroni një tavë me letër alumini.

b) Në një tas mesatar, shtoni mishin e derrit të bluar, qepën, hudhrën, vezën, thërrimet e bukës, kerin e limonit kamboxhiane, borzilokun dhe salcën e sojës dhe përzieni tërësisht.

c) Hidhni 2 lugë gjelle përzierje derri në të njëjtën kohë dhe rrotulloni në 18 qofte.

d) Hidhni qoftet në një tavë të përgatitur dhe piqini për 20 minuta, ose derisa të marrin ngjyrë kafe dhe të gatuhen në një temperaturë të brendshme prej 160 gradë.

e) Për salcën:

f) Në një tas të vogël, përzieni salcën e sojës, hudhrën, hoisin, mjaltin, uthullën e orizit, Curry Kamboxhiane dhe vajin e nxehtë djegës. Nxehni një tigan mesatar ose wok mbi nxehtësinë mesatare dhe shtoni salcën.

g) Lërini të ziejnë dhe shtoni qofte të ziera duke i kthyer në pallto.

h) Gatuani derisa salca të trashet pak, rreth 2 minuta.

i) Shërbejeni menjëherë mbi oriz dhe zbukurojeni me borzilokun dhe farat e susamit.

21. Qofte qepë dhe gjeldeti me bourbon-boronicë

Rendimenti: 5-6

Përbërësit:

Për boronicat e njomura me Burbon:

- 1 litër boronicë të thata
- 4 ons burbon
- 16 ons ujë të nxehtë

Për qoftet e gjelit:

- 3 paund gjeldeti i bluar
- 1 kile mish derri te bluar
- 12 ons qepë jeshile
- 1 ons sherebelë
- 2 1/2 lugë piper të zi
- 2 luge gjelle kripe
- 12 ons boronicë
- 10 ons të rezervuara lëngje njomëse

Për mustardën e patates së ëmbël:

- 1 patate e ëmbël mesatare në të madhe

- 2 ons farë mustarde të verdhë
- 2 ons farë mustarde kafe
- 2 gota uthull shampanje
- 2 gota ujë
- 1/8 e lugës së çajit pipëza
- 1 shkop kanelle
- 2 gjethe dafine
- 1 lugë gjelle kripë
- 6 ons lëng turshi
- 5 ons fara mustarde turshi
- 1 lugë çaji pluhur kari të verdhë
- 3 lugë sheqer kafe të hapur
- 1/2 lugë çaji piper kajen
- Simite hot dog
- Kingsford Qymyr druri me Applewood

Drejtimet:

a) Për të bërë boronicat e njomura me burbon, thjesht kombinoni të gjithë përbërësit dhe lërini të qëndrojnë gjatë natës në frigorifer.

b) Për sallamin e gjelit të detit, kombinoni të gjithë përbërësit në një tas të madh derisa të përzihen plotësisht. Pasi të përzihet, përzierja e sallamit mund të formohet në qofte.

c) Ndërtoni një zjarr me qymyr për gatim indirekt duke përdorur qymyr Kingsford me Applewood duke vendosur qymyrin vetëm në njërën anë të skarës, duke e lënë anën tjetër të zbrazët. Ngrohni grilin në 400 gradë.

d) Qoftet grijini në zjarr indirekt dhe gatuajeni për 10 minuta, ose derisa temperatura e brendshme të arrijë 160 gradë.

e) Për të bërë mustardën e patates së ëmbël, filloni duke e mbështjellë fort pataten e ëmbël në letër kallaji. Vendoseni pataten e ëmbël të mbështjellë në skarë mbi nxehtësinë indirekte, mbyllni kapakun dhe gatuajeni për 30 deri në 40 minuta ose derisa të jetë e butë. Pasi të jetë ftohur, hiqeni nga lëkura e saj dhe rezervoni 10 ons pataten e ëmbël të pjekur në skarë.

f) Në një tenxhere të vogël, bashkoni farën e mustardës së verdhë, farën e mustardës kafe, uthullën e shampanjës, ujin, specin erëzash, kanellën, gjethet e dafinës dhe kripën dhe lërini të ziejnë. Ziejini për 45 minuta dhe lëreni të ftohet gjatë gjithë natës në frigorifer. Ndani farat e mustardës tani të turshive nga lëngu turshi, por mos i hidhni.

g) Kombinoni pataten e ëmbël me lëngun turshi, farat e mustardës turshi, pluhurin e kerit, sheqerin kaf dhe piperin e kuq. Përziejini mirë dhe lërini mënjanë. Mustarda e patates së ëmbël do të qëndrojë deri në pesë ditë në frigorifer.

h) Kur shërbeni, përhapni me bollëk mustardë me patate të ëmbël në të dy anët e një simite hot dog dhe vendosni qoftet tuaja të pjekura në skarë. Shërbejeni të nxehtë.

22. Qofte pule me salcë perle

Rendimenti: 2-3

Përbërësit:

Për qofte:

- 1 kile pule e bluar, mundësisht mish i errët
- 1/2 filxhan bukë panko
- 1 vezë e madhe
- 3 qepë të njoma, të prera hollë plus më shumë për zbukurim
- Farat e susamit (garniturë sipas dëshirës)

Për marinadën:

- 1 lugë çaji Lee Kum Kee Vaj i pastër susami
- 1/2 lugë çaji xhenxhefil të grirë
- 2 lugë hudhër të grirë

Për salcën e zhytjes:

- 1/4 filxhan salcë me shije perle të markës Lee Kum Kee Panda
- 1 lugë gjelle Lee Kum Kee Panda Brand Dipping Salce Soy
- 1/2 lugë çaji vaj susami të pastër Lee Kum Kee

- 2 lugë çaji hudhër të grirë
- 1/2 lugë çaji xhenxhefil të grirë
- 2 lugë gjelle uthull orizi

Drejtimet:

a) Ngroheni furrën në 400 gradë. Rreshtoni një fletë pjekjeje me letër furre dhe lëreni mënjanë.

b) Kombinoni pulën e bluar, vajin e pastër të susamit Lee Kum Kee, Xhenxhefilin e grirë, Hudhrën e grirë, pankon, vezën dhe qepët jeshile në një tas të madh. Duke përdorur duar të pastra, përzieni përbërësit së bashku. Rrotulloni përzierjen në qofte 1 1/2 inç, duke formuar rreth 18.

c) Përgatitni salcën e zhytjes me shije goca deti duke kombinuar në një tas salcën me aromë perle të markës Lee Kum Kee Panda, salcën e sojës me zhytje të markës Panda, vajin e pastër të susamit, hudhrën e grirë, xhenxhefilin e grirë dhe uthullën e orizit. Lëreni një sasi të vogël mënjanë për t'i lyer me furçë qoftet gjatë pjekjes.

d) Vendosni qoftet në një tepsi të përgatitur dhe piqini për 12 minuta ose derisa qoftet të jenë gatuar. Lyejeni me furçë glazurën mbi qoftet dhe vazhdoni të gatuani edhe për 2 deri në 3 minuta.

e) Shërbejini qofte të zbukuruara me qepë të njoma të grira, fara susami (opsionale) dhe salcë zhytjeje me shije goca deti.

23. Qofte siciliane

Rendimenti: 3-4

Përbërësit:

Për qoftet:

- 2 paund mish viçi të bluar
- 1 qepë (e prerë hollë)
- 5 qepë të njoma (të prera hollë)
- 2 vezë të plota (të rrahura lehtë)
- 1/2 filxhan panko
- 1/4 filxhan Pecorino Romano (i grirë)
- 1/2 tufë majdanoz italian (i copëtuar)
- 1/4 filxhan qumësht të plotë
- 2 lugë kripë deti
- 1 luge piper i zi
- 3 lugë vaj ulliri (sipas nevojës)

Për Sugo:

- 2 lugë vaj ulliri (sipas nevojës)
- 1 qepë (e prerë në kubikë)

- 10 thelpinj hudhër (të qëruara dhe të grimcuara)
- 28 ons domate dardhe
- 1 lugë gjelle kripë deti
- 2 lugë sheqer të grimcuar
- 1/2 lugë piper i zi
- 4 gjethe borziloku (të copëtuara)

Drejtimet:

Për qoftet:

a) Përgatitni perimet tuaja dhe matni të gjitha barishtet dhe erëzat tuaja.

b) Në një tas të madh përzierjeje, me duart tuaja, përzieni shpejt dhe mirë të gjithë përbërësit së bashku. (Shënim: Mos zgjat shumë pasi nxehtësia nga duart tuaja do të fillojë të shkrijë yndyrën në mish dhe djathë.)

c) Me një lugë 1 ons, ndajini qoftet në një tabaka pjekjeje të veshur me letër pergamene. Scoop paketohet dhe nivelohet për të siguruar madhësi dhe peshë të barabartë për gatim dhe prezantim të qëndrueshëm. Rrotulloni të lëmuar me dorë.

d) Në një tigan prej gize të lyer me vaj ose në një tigan jo ngjitës me fund të rëndë, skuqni qoftet (në tufa, mos e mbushni tiganin) vetëm që sipërfaqja të skuqet. E heqim nga zjarri dhe e vendosim me kujdes në salcë që të ziejë.

Për Sugo:

e) Në një tenxhere të thellë të lyer me vaj mbi nxehtësinë mesatare, kaurdisni qepët derisa të jenë të tejdukshme, më pas shtoni hudhrën e shtypur dhe gatuajeni butësisht pa skuqur për 1 deri në 2 minuta.

f) Shtoni domaten e grirë dhe purenë nga kanaçe dhe e rregulloni me kripë dhe piper. Lëreni të ziejë, lëreni të ziejë, përzieni sheqerin dhe lëreni të ziejë, por vetëm për rreth 5-6 minuta. Hiqeni nga zjarri dhe lëreni të ftohet pak.

g) Në tufa, hidhni me kujdes salcën në një blender dhe pulsoni derisa të jetë e qetë. Transferoni përsëri në një tenxhere dhe lërini mënjanë derisa të jeni gati për të përfunduar qoftet tuaja.

h) E kthejmë në nxehtësi dhe e lëmë të ziejë përsëri. Vendosni butësisht qoftet në salcë dhe lërini të ziejnë për 15 deri në 20 minuta të tjera. Kjo është një salcë e shpejtë.

i) Hiqeni nga zjarri dhe përzieni me delikatesë gjethet e borzilokut të freskët të copëtuar.

24. Qofte derri dhe kopër me tagliatelle

Përbërësit

- 500 gr mish derri i grirë
- 1 qepë, e grirë
- 1 karotë, e grirë në rende
- 1 shkop selino, i grirë në rende
- 1 lugë çaji fara kopër, të grimcuara
- 1 lugë çaji speca djegës të grimcuar
- 30 gr bukë të thata
- 1 vezë
- 1 luge vaj ulliri
- Pasata 2 x 500 g kuti kartoni
- 400 gr tagliatelë të thata
- 15 g majdanoz të freskët me gjethe të sheshta, të grirë
- 30 gr parmezan të grirë, për t'u shërbyer (sipas dëshirës)

Drejtimet:

a) Kombinoni mishin e grirë, qepën, karotën, selinon, farat e koprës, specat djegës, thërrimet e bukës dhe vezën në një tas për përzierje; sezonin e mirë.

b) Rrotulloni lugët e grumbulluara të përzierjes në 40 topa. Transferoni në një tepsi dhe ftohuni për 10 minuta.

c) Ngrohni vajin në një tigan të madh me kapak mbi nxehtësinë mesatare. Skuqini qoftet në tufa për 8-10 minuta derisa të marrin ngjyrë të artë. Ulni zjarrin në minimum dhe përzieni pasatën, më pas mbulojeni dhe ziejini për 15 minuta.

d) Ndërkohë, gatuaj makaronat për të paketuar Udhëzimet. I kullojmë dhe e ndajmë në 4 tas.

e) Lini mënjanë gjysmën e qofteve për nëns. Hidhni me lugë qoftet e mbetura mbi makaronat, më pas shpërndani me majdanoz. Sipër i hidhni parmixhan nëse dëshironi.

25. qofte mesdhetare

Përbërës

- 1 kile mish viçi i bluar, i grimcuar
- 3 lugë gjelle thërrime buke të thata pa erëza
- 1 vezë e madhe
- 1 lugë çaji Thekon majdanoz të thatë
- 2 lugë margarinë
- $\frac{1}{4}$ lugë çaji pluhur hudhër
- $\frac{1}{2}$ lugë çaji Gjethe të thata menteje, të grimcuara
- $\frac{1}{4}$ lugë çaji gjethe rozmarine të thata, të grimcuara
- $\frac{1}{4}$ lugë çaji Piper
- 1 lugë çaji Thekon majdanoz të thatë

Drejtimet:

a) Kombinoni të gjithë përbërësit e qofteve në një tas mesatar. Formoni përzierjen në 12 qofte.

b) Vendosni margarinën, hudhrën pluhur dhe majdanozin në një filxhan.

c) Vendoseni në mikrovalë në temperaturë të lartë për 45 sekonda deri në 1 minutë, ose derisa gjalpi të shkrihet.

d) Zhytni qoftet në përzierjen e margarinës për t'i mbuluar dhe vendosini në një raft pjekjeje.

e) Vendoseni në mikrovalë në temperaturë të lartë për 15 deri në 18 minuta, ose derisa qoftet të jenë të forta dhe të mos jenë më rozë në qendër, duke rrotulluar raftin dhe duke i riorganizuar qoftet dy herë gjatë kohës së gatimit. Nëse dëshironi, shërbejeni me oriz të zier të nxehtë ose kuskus.

26. Topa mishi grek

Përbërës

- 1½ paund Biftek i bluar i rrumbullakët
- 2 vezë; i rrahur lehtë
- ½ filxhan thërrime buke; i imët, i butë
- 2 qepë të mesme; i grirë imët
- 2 lugë majdanoz; të freskëta, të copëtuara
- 1 lugë gjelle nenexhik; të freskëta, të copëtuara
- ¼ lugë çaji kanellë
- ¼ lugë çaji speca
- Kripë dhe piper i freskët i bluar
- Shkurtim për tiganisje

Drejtimet:

a) Kombinoni të gjithë përbërësit përveç shkurtuesit dhe përzieni mirë.

b) Lëreni në frigorifer për disa orë. Formoni toptha të vegjël dhe skuqeni në shkurtimin e shkrirë. Shërbejeni të nxehtë.

27. Topa të lehta të mishit suedez

Përbërës

- 2 paund mish viçi i bluar
- 1 qepë, e grirë në rende
- ½ filxhan thërrime buke
- dash Kripë, piper
- 1 lugë çaji salcë Worcestershire
- 2 vezë, të rrahura
- 4 lugë Gjalpë
- 2 gota aksione ose konsome
- 4 luge miell
- ¼ filxhan Sheri

Drejtimet:

a) Përzieni gjashtë përbërësit e parë, formoni topa të vegjël. Kafe në gjalpë.

b) Shtoni lëngun, mbuloni tiganin dhe ziejini për 15 minuta. Hiqni topat e mishit, mbajini të ngrohtë.

c) Trashni lëngun me miell të përzier me pak ujë të ftohtë. Gatuani 5 minuta, shtoni sherry. Ngroheni topat e mishit në lëng mishi.

28. qofte libaneze

Përbërës

- ½ filxhan qepë të grirë
- 3 lugë Gjalpë
- 1 kile mish viçi i bluar
- 1 vezë e rrahur
- 2 feta Bukë e njomur në 1/2 c. qumësht
- 1 lugë çaji Kripë
- ⅛ lugë çaji Piper
- 1 filxhan thërrime buke të thata
- 2 gota kos të thjeshtë

a) Përgatitja: Kaurdisni qepën në 1 lugë gjalpë derisa të jetë transparente.

b) Ftoheni pak. Përzihet me mish, vezë, bukë dhe erëza. Formoni topa 1¼ inç dhe rrotullojini në thërrime buke të thata. Skuqeni ngadalë në 2 lugët e mbetura gjalpë. Kullojini të gjitha, përveç 2 lugë gjelle yndyre.

c) Hidhni butësisht kosin me lugë sipër dhe rreth qofteve. Ziejini për 20 minuta. Shërbejeni të nxehtë me pilaf me oriz ose grurë.

29. Topa mishi kantonez

Përbërës

- 1 kile mish viçi i bluar
- $\frac{1}{4}$ filxhan qepë të grira
- 1 lugë çaji Kripë
- 1 lugë çaji Piper
- $\frac{1}{2}$ filxhan qumësht
- $\frac{1}{4}$ filxhan Sheqer
- $1\frac{1}{2}$ lugë gjelle niseshte misri
- 1 filxhan lëng ananasi
- $\frac{1}{4}$ filxhan uthull
- 1 lugë çaji salcë soje
- 1 lugë gjelle Gjalpë
- 1 filxhan selino të prerë në feta
- $\frac{1}{2}$ filxhan piper i prerë në feta
- $\frac{1}{2}$ filxhan Bajame të grira, të skuqura

Drejtimet:

a) Formoni 20 qofte të vogla me mish viçi të kombinuar, qepë, kripë, piper dhe qumësht.

b) Kombinoni sheqerin dhe niseshte misri; përzieni me lëngje dhe shtoni gjalpin.

c) Gatuani në zjarr të ulët derisa të jetë e qartë, duke e përzier vazhdimisht.

d) Shtoni perimet dhe ngrohni butësisht për 5 minuta.

e) Vendosni qoftet në një shtrat me oriz të zier, sipër lyeni me salcë dhe spërkatni me bajame.

30. Qofte koktej festive

Përbërës

- 1½ paund mish viçi i bluar
- 1 filxhan MINUTE Oriz
- 1 kanaçe (8oz) ananas i grimcuar në lëng
- ½ filxhan karotë [e grirë imët]
- ½ filxhan qepë [e copëtuar]
- 1 vezë [të rrahur]
- 1 lugë çaji Xhenxhefil [i bluar]
- Salcë franceze 8 ons
- 2 lugë salcë soje

Drejtimet:

a) Përziejini së bashku të gjithë përbërësit përveç 2 të fundit, në një tas, më pas formoni qofte 1".

b) E vendosim në një tepsi të lyer me yndyrë dhe e pjekim në furrë të nxehur më parë.

c) Përzieni së bashku salcën e sojës dhe salcën.

d) Shërbejmë qoftet të ngrohta me salcë.

31. Qofte dhe speca nga Kalifornia

Përbërës

- 3 lugë vaj ulliri
- 1 spec i kuq i madh, me bërthama, me fara
- 1 piper zile e madhe jeshile, me bërthama, me fara
- 1 piper i madh i verdhë, me bërthamë, me fara
- 1 qepë e madhe, e prerë në copa
- ⅓ paund mish viçi i bluar
- ⅓ paund Mish derri i bluar
- ⅓ paund Viçi i bluar
- 1 vezë e madhe
- ¼ filxhan thërrime buke të thata të imta
- ¼ filxhan majdanoz i freskët i grirë
- 1 lugë çaji fara kopër, të grimcuara
- 1¼ lugë çaji kripë
- ¼ lugë çaji Piper i zi
- ½ filxhan Ullinj të zinj pa kokrra, të përgjysmuar

Drejtimet:

a) Në një tigan 12" mbi nxehtësinë mesatare, ngrohni 1 lugë gjelle vaj ulliri; shtoni speca të kuq, jeshil dhe të verdhë dhe qepë.

b) Kombinoni përzierjen e Butcher's, vezën, thërrimet e bukës, majdanozin, farat e koprës, $\frac{1}{4}$ lugë çaji kripë dhe piper të zi.

c) Formoni përzierjen në topa $1\frac{1}{4}$". Gatuani.

32. Topa mishi gjerman

Përbërës

- 1 kile Mish viçi, i bluar
- 1 paund Mish derri, i bluar
- 1 qepë, e grirë në rende
- ⅓ filxhan thërrime buke
- dash Kripë
- dash Piper
- dash Arrëmyshk
- 5 Të bardhat e vezëve, të rrahura fort
- 3 gota Ujë
- 1 qepë e prerë mirë
- 4 gjethe dafine
- 1 luge Sheqer
- 1 lugë çaji Kripë
- ½ lugë çaji speca dhe kokrra piper
- ¼ filxhan uthull tarragon
- 1 luge miell
- 5 Të verdhat e vezëve të rrahura

- 1 Limon, i prerë në feta
- Kaperi

Drejtimet:

a) KOFET: përzieni të gjithë përbërësit, duke shtuar të bardhat e vezëve të rrahura në fund. Formoni në topa.

b) Salca: Ziejini 6 përbërësit e parë për 30 minuta. tendosje; I vini në pikën e vlimit, shtoni topa mishi dhe ziejini për 15 minuta.

c) Hiqini topat e mishit në pjatë të nxehtë, duke i mbajtur të nxehtë. Shtoni uthull në lëng.

33. Qofte skandinave

Përbërës

- Përzierje bazë për qofte
- ⅛ lugë çaji kardamom; terren
- 1 lugë gjelle vaj vegjetal
- 1¼ filxhan lëng mishi gati për t'u shërbyer
- ¼ lugë çaji Barërat e këqija të koprës
- 1 lugë gjelle niseshte misri
- 2 lugë verë e bardhë e thatë
- 2 gota Petë; i gatuar

Drejtimet:

a) Kombinoni përbërësit e përzierjes bazë të qofteve me kardamom, duke i përzier lehtë por tërësisht. Formoni përzierjen në 12 qofte.

b) Qoftet kafe në vaj të nxehtë në një tigan të madh mbi nxehtësinë mesatare. Hidh pikime. Shtoni lëngun e viçit dhe barin e koprës në qoftet në tigan, duke i trazuar për t'u kombinuar.

c) Lëreni të vlojë; zvogëloni nxehtësinë. Mbulojeni fort dhe ziejini për 20 minuta. Shkrihet niseshte misri në verë të bardhë. Shtoni në tigan dhe vazhdoni zierjen derisa të trashet, duke e përzier vazhdimisht.

34. Qofte belge të ziera në birrë

Përbërës

- 1 filxhan bukë të freskët të bardhë
- ¼ filxhan qumësht
- 1 kile mish viçi i bluar, i ligët
- ½ kile mish derri ose viçi i bluar
- 1 vezë e madhe
- Perime dhe erëza
- Vaj gatimi
- 2 lugë majdanoz i freskët; zbukuroj

Drejtimet:

a) Për të përgatitur qofte, thithni thërrimet e bukës në qumësht derisa të njomet plotësisht; shtrydheni me duar.

b) Kombinoni thërrimet e bukës, mishin e bluar, vezët, qepujt, majdanozin, kripën, piperin dhe arrëmyshkun në një tas mesatar.

c) Formoni përzierjen në 6 deri në 8 topa ose peta (2 inç në diametër dhe ½ inç të trasha); pudrosim me 2 lugë miell.

d) Ngrohni gjalpin dhe vajin në furrë të thellë holandeze, deri sa të nxehet, por jo tymosur, në zjarr të fortë. Shtoni qofte; gatuajeni derisa të skuqet nga të gjitha anët, rreth 5 minuta, duke u kujdesur që gjalpi të mos digjet. Hiqni topat e mishit në pjatë; mbaje ngrohtë.

35. Qofte pule norvegjeze

Përbërës

- 1 kile pule e bluar
- 4½ lugë çaji niseshte misri; të ndarë
- 1 vezë e madhe
- 2¼ filxhan lëng pule; të ndarë
- ¼ lugë çaji kripë
- ½ lugë çaji Lëkurë limoni i sapo grirë
- 2 lugë kopër të freskët të copëtuar; të ndarë
- 4 onca djathë Gjetost; prerë në kube 1/4 inç
- 4 gota Petë me vezë të ziera të nxehta

Drejtimet:

a) Rrihni vezën; shtoni ¼ filxhan lëng mishi dhe 1¼ lugë çaji niseshte misri. Përziejeni derisa të jetë e qetë. Shtoni lëkurën e limonit dhe 1 lugë gjelle kopër të freskët. Shtoni pulën e bluar në këtë përzierje.

b) Sillni dy gota lëng mishi të ziejnë në një tigan 10 ose 12 inç.

c) Hidhni butësisht një lugë gjelle përzierje pule në lëngun e zierjes.

d) Përgatitja e salcës: Përzieni 1 lugë gjelle niseshte misri të mbetur në 2 lugë gjelle ujë të ftohtë. Përzieni në lëngun e zierjes dhe ziejini për disa minuta derisa të trashet disi. Shtoni djathin e prerë në kubikë dhe përzieni vazhdimisht derisa djathi të shkrihet.

e) Ndërsa mishi i pulës është duke u gatuar, përgatisni petët dhe mbajini të nxehta.

f) Kthejini topat e pulës në salcë.

36. Qofte franceze

Përbërës

- 1 kile pule e bluar ose gjeldeti
- ½ filxhan thërrime buke
- 1 vezë
- 1 lugë çaji thekon majdanoz
- ½ lugë çaji pluhur qepë
- ¼ lugë çaji kripë
- ⅛ lugë çaji Piper
- ⅛ lugë çaji arrëmyshk
- 2 lugë vaj vegjetal
- 1 kavanoz salcë gatimi pule
- ¼ lugë çaji kripë
- ¼ lugë çaji Piper
- 1½ filxhan bizele të ngrira
- ½ filxhan salcë kosi
- 8 ons Petë me vezë të gjera, të gatuara dhe të kulluara

Drejtimet:

a) Në një tas të madh, kombinoni pulën e bluar, thërrimet e bukës, vezën, majdanozin, pluhurin e qepës, $\frac{1}{4}$ lugë çaji kripë, $\frac{1}{8}$ lugë çaji piper dhe arrëmyshk. Formoni në qofte $1\frac{1}{2}$".

b) Qofte kafe nga të gjitha anët në vaj vegjetal; kulloni yndyrën. Shtoni salcën, $\frac{1}{4}$ lugë çaji kripë, $\frac{1}{8}$ lugë çaji piper dhe bizele.

c) Ziejini, të mbuluara, 30 minuta ose derisa qoftet të jenë gatuar plotësisht; përzieni herë pas here. Shtoni salcë kosi.

37. Gjeli i detit dhe mbushja e qofteve

Përbërës

- ½ filxhan qumësht
- 1 vezë
- 1 filxhan përzierje mbushëse me bukë misri
- ¼ filxhan selino të grirë imët
- 1 lugë çaji mustardë e thatë
- 1 kile gjeldeti i bluar
- 1 kanaçe 16-oz salcë boronicë me pelte
- 1 lugë sheqer kaf
- 1 lugë gjelle salcë Worcestershire

Drejtimet:

a) Ngroheni furrën në 375 gradë F. Në një tas të madh, kombinoni qumështin dhe vezën; mundi mirë.

b) Përzieni përzierjen e mbushjes, selinon dhe mustardën; përzieni mirë. Shtoni gjelin e detit; përzieni mirë.

c) Formoni topa 48 (1 inç). Vendoseni në një tavë pjekjeje të palyer 15x10x1 inç.

d) Piqni në 375 gradë për 20 deri në 25 minuta ose derisa qoftet të kenë marrë ngjyrë kafe dhe të mos jenë më rozë në qendër.

e) Ndërkohë, në një tenxhere të madhe bashkojmë të gjithë përbërësit e salcës; përzieni mirë. Lëreni të vlojë mbi nxehtësinë mesatare. Ulni nxehtësinë në minimum; ziej për 5 minuta, duke e përzier herë pas here. Shtoni qofte në salcë; përziejeni butësisht për tu veshur.

38. Qofte të mbushura me djathë

Përbërës

- 1 luge vaj ulliri
- 2 lugë qepë të prera në kubikë
- 8 ons mish viçi pa dhjamë ose gjeldeti
- 1 lugë gjelle salcë soje
- ¼ lugë çaji Sherebelë e thatë
- 4 ons djathë çedër ose zviceran; prerë në 8 kubikë

Drejtimet:

a) Ngrohni furrën në 325F.

b) Lyejmë një tavë të cekët me pak vaj ulliri ose spërkatje të tepsisë.

c) Ngrohni vajin në një tigan mbi nxehtësi mesatare derisa të nxehet, por të mos pihet duhan. Shtoni qepën dhe skuqeni deri në kafe të artë, rreth 10 minuta.

d) Kombinoni qepën, viçin, salcën e sojës dhe sherebelën. Ndani përzierjen në tetë pjesë. Merrni një copë djathë dhe mbulojeni me një pjesë të përzierjes për të marrë një formë qofte. Përsëriteni për të formuar gjithsej tetë qofte.

e) Vendosim qoftet në tavën e lyer me vaj dhe i pjekim për 30 minuta.

39. Qofte Uellsish të pjekur në skarë

Përbërës

- 1 kile mëlçi derri
- 2 paund mish derri i bluar pa dhjamë
- 4 ons (1/2 filxhan) thërrime buke
- 2 Qepë të madhe të grirë imët
- 2 lugë çaji Sherebelë
- 2 lugë çaji trumzë
- 2 lugë çaji majdanoz të thatë
- 1 majë arrëmyshk
- Kripë dhe piper për shije
- 3 ons Suet
- Miell për pluhurosje

Drejtimet:

a) Prisni imët mëlçinë (më e lehtë për t'u bërë nëse është e ngrirë) dhe shpëlajeni me ujë.

b) Shtoni mishin e derrit të bluar, thërrimet e bukës, qepët, sherebelën, trumzën, majdanozin, arrëmyshk dhe kripë e piper. Vendosni pak miell në fund të një pjate, shtoni suet dhe lyejeni lehtë.

c) Formoni topa më të mëdhenj se një top qofte, por më të vegjël se një top tenisi. Përdorni një llak gatimi që nuk ngjit për të lyer me yndyrë një enë të spërkatur kundër furrës 12 inç katror. Vendosni qoftet në enë dhe mbulojini me petë. E pjekim ne furre te parangrohur ne 400 grade per 40 minuta.

d) Hiqni folenë dhe kulloni yndyrën. Trasni yndyrën me miell ose niseshte misri për të bërë lëng mishi, shtoni trashës rreth 1 lugë çaji në të njëjtën kohë për të marrë konsistencën që ju pëlqen dhe derdhni pak lëng mishi rreth mishit.

40. Qofte të freskëta gjermane

Përbërës

- ½ paund Sallam i grirë derri
- ¼ filxhan Qepë, të copëtuar
- 1 kanaçe 16 Oz lakër turshi, kullojeni dhe grijeni
- 2 lugë grimca buke, të thata dhe të imta
- 1 pako krem djathi, zbutet
- 2 lugë majdanoz
- 1 lugë çaji Mustardë e përgatitur
- ¼ lugë çaji kripë hudhër
- ⅛ lugë çaji Piper
- 1 filxhan majonezë
- ¼ filxhan mustardë të përgatitur
- 2 vezë
- ¼ filxhan qumësht
- ½ filxhan miell
- 1 filxhan thërrime buke, mirë
- Veg. vaj

Drejtimet:

a) Kombinoni sallamin dhe qepën në tigan dhe thërrimet e bukës.

b) Kombinoni djathin dhe 4 përbërësit e ardhshëm në një tas; shtoni përzierjen e sallamit duke e trazuar mirë.

c) Formoni përzierjen e sallamit në topa $\frac{3}{4}$"; hidheni në miell. Lyeni çdo top në përzierjen e rezervuar të vezëve; rrotulloni topat në thërrime buke.

d) Hidhni vaj në një thellësi prej 2" në furrë; ngrohni në 375 gradë. Skuqini deri në kafe të artë.

41. Topa mishi meksikan

Përbërës

- 500 gram mish viçi i grirë; (1 lb)
- 500 gram mish derri i grirë; (1 lb)
- 2 thelpinj hudhër; i grimcuar
- 50 gram bukë të freskët të bardhë; (2oz)
- 1 lugë majdanoz i freskët i grirë
- 1 vezë
- Kripë dhe piper i zi i sapo bluar
- 2 luge vaj
- 1 275 gram kavanoz taco shije
- 50 gram djathë Cheddar; i grirë (2oz)

Drejtimet:

a) Përziejini së bashku mishin dhe hudhrën, thërrimet e bukës, majdanozin, vezën dhe erëzat dhe formoni 16 topa.

b) Ngrohni vajin në një tigan dhe skuqni qoftet në tufa që të marrin ngjyrë të gjithë.

c) Transferoni në një enë rezistente ndaj furrës dhe hidheni mbi shije taco. Mbulojeni dhe gatuajeni në furrë të parangrohur 180 C, 350 F, Gas Mark 4 për 30 minuta.

d) Spërkateni sipër djathin e grirë dhe vendoseni sërish në furrë të pambuluar dhe vazhdoni gatimin edhe për 30 minuta të tjera.

42. Topa mishi në pelte rrushi

Përbërës

- 1 filxhan thërrime buke; i butë
- 1 filxhan Qumesht
- 2 paund mish viçi i bluar
- ¾ paund Mish derri i bluar; ligët
- ½ filxhan qepë; i grirë imët
- 2 vezë; i rrahur
- 2 lugë çaji kripë
- 1 lugë çaji Piper
- ½ lugë çaji arrëmyshk
- ½ lugë çaji speca
- ½ lugë çaji kardamom
- ¼ lugë çaji Xhenxhefil
- 2 lugë gjelle pikon proshutë
- 8 ons pelte rrushi

Drejtimet:

a) Zhytni thërrimet e bukës në qumësht për një orë. Kombinoni mishin e grirë, mishin e derrit dhe qepën. Shtoni vezët, qumështin, përzierjen e thërrimeve të bukës. Shtoni kripë, piper dhe erëza.

b) Përziejini mirë dhe rrihni me pirun. Ftoheni një deri në dy orë. Formoni toptha të vegjël, rrokullisni në miell dhe skuqeni me pikime proshutë ose vaj. Shkundni tiganin ose tiganin e rëndë për të rrotulluar topat e mishit në yndyrë të nxehtë.

c) Vendoseni në tenxhere me 1 kavanoz të madh pelte rrushi dhe ziejini ngadalë për një orë.

43. Qofte pikante Thai me petë

Përbërës

- 1 kile mish derri i bluar
- 1 vezë e madhe
- ½ filxhan kikirikë të pjekur të thatë, të grirë imët
- ¼ filxhan cilantro ose majdanoz i freskët i copëtuar
- ¾ lugë çaji kripë
- 1 3 3/4 oz pako petë celofani
- ½ filxhan gjalpë kikiriku në stilin e copëzave
- 1 lugë gjelle lëvozhgë limoni të grirë
- ¼ lugë çaji Piper i kuq kajen i bluar
- 1 kastravec i vogël, i prerë në feta
- 1 karotë e vogël, e qëruar dhe e prerë hollë ose e prerë në shkopinj të hollë
- Vaj perimesh të freskëta cilantro ose degë majdanozi,

Drejtimet:

a) Kombinoni mishin e derrit, vezën, kikirikët e bluar, cilantro të copëtuar dhe kripën.

b) Formoni përzierjen në topa 1". Në një tigan 12" mbi nxehtësi mesatare-të lartë, ngrohni 2 lugë vaj; shtoni qofte. Gatuani rreth 12 minuta, duke i kthyer shpesh derisa të skuqet mirë nga të gjitha anët.

c) Ndërkohë shtoni petët.

d) Kur qoftet të jenë gatuar, përzieni gjalpin e kikirikut, lëkurën e limonit të grirë dhe piperin e kuq të bluar.

44. Sanduiç me qofte italiane

Përbërës

- 1 paund Çakë e rrumbullakët ose e bluar
- ½ paund Mish derri i bluar
- 1½ filxhan djathë i grirë
- 2 gota thërrime buke të thata të imta
- Një grusht majdanoz i tharë i grimcuar
- 2 vezë
- ¾ filxhan qumësht
- Kripë dhe piper
- 1 litër salcë domatesh dhe 1 pastë domate të vogël Cane
- 1 litër domate të tëra, të grimcuara
- verë e kuqe
- Kripë mish derri
- Kripë, piper, kripë hudhër për shije
- Borzilok i ëmbël i thatë, borzilok i thatë
- 4 thelpinj hudhra, të grira

Drejtimet:

a) Përgatisni salcën

b) Përgatitni qoftet: Vendosni të gjithë përbërësit, përveç qumështit, në një tas të madh dhe përziejini mirë.

c) Formoni një pjesë të vogël të përzierjes së mishit në një top rreth 2" në diametër. I gatuani në një kore të bukur nga jashtë.

45. Topa mishi daneze

Përbërës

- ½ kile Mish viçi
- ½ paund Mish derri
- 1 gram qepë
- 2 gota qumësht
- Piper për shije
- 2 lugë miell ose 1 filxhan thërrime buke
- 1 vezë
- Kripë për shije

Drejtimet:

a) Vendoseni mishin e viçit dhe derrit në një mulli 4 ose 5 herë. Shtoni miellin ose thërrimet e bukës, qumështin, vezën, qepën, kripën dhe piperin. Përziejini tërësisht.

b) Hidheni në tigan nga një lugë e madhe dhe skuqeni në zjarr të ulët.

c) Shërbejeni me gjalpë të skuqur, patate dhe lakër të zier.

46. qofte indoneziane

Përbërës

- 500 gram mish derri i grirë
- 1 lugë çaji xhenxhefil me rrënjë të freskët të grirë
- 1 qepë; i grirë shumë imët
- 1 vezë; i rrahur
- ½ filxhan thërrime buke të freskëta
- 1 luge vaj
- 1 qepë; i prerë në kubikë
- 1 thelpi hudhër; i grimcuar
- 1 lugë çaji xhenxhefil me rrënjë të freskët të grirë
- ¼ lugë çaji koriandër të bluar
- 1 kanaçe Nestle Reduced Cream
- 2 lugë arrë kokosi të imët
- 4 lugë çaji salcë soje
- ¼ filxhan gjalpë kikiriku krokant

Drejtimet:

a) Kombinoni mishin e grirë të derrit, xhenxhefilin me rrënjë, qepën, vezën dhe thërrimet e bukës. Përziejini mirë.

b) Shtoni qoftet dhe ziejini derisa të marrin ngjyrë të artë në të gjithë.

c) Vendosni gjalpin në tigan. Shtoni qepën dhe gatuajeni për 2-3 minuta.

d) Përzieni hudhrën, pluhurin e karrit të xhenxhefilit dhe korianderin e bluar.

e) Shtoni bukën e reduktuar, ujin dhe kokosin. Përziejini derisa të jetë e qetë dhe më pas shtoni salcën e sojës dhe gjalpin e kikirikut. Shtoni qofte.

SUPAT DHE MEQE ME QOPLE

47. Qofte me erëza qengji dhe supë Escarole

4 deri në 6 racione

Përbërësit

- 1¼ kilogram mish qengji të bluar
- 3 thelpinj hudhre te medha, te grira
- 1 lugë gjelle koriandër të bluar
- 1 lugë qimnon i bluar
- 2 lugë çaji rigon të tharë
- 2 lugë çaji shafran i Indisë i bluar
- ½ lugë çaji paprika
- 2¾ lugë çaji kripë kosher, plus më shumë sipas nevojës
- 1¼ lugë çaji piper i zi i sapo bluar
- 2 lugë vaj ulliri ekstra të virgjër
- 2 qepë të mëdha, të prera në feta
- ¼ filxhan pastë domate
- 8 gota supë (e bërë vetë ose me cilësi të lartë të blerë në dyqan)
- 1 eskarolë e madhe me kokë, e grirë në copa 2 inç

- 1½ filxhan fasule gjigante ose kanelini të gatuara ose një kanaçe 15,5 ons, e kulluar dhe e shpëlarë

- Kripë deti e grirë (opsionale)

- Copa limoni, për servirje

Drejtimet:

a) BËJNI KOFET: Në një enë të madhe përzieni mishin e qengjit, hudhrën, koriandrën, qimnonin, rigonin, shafranin e Indisë, paprikën, 1 lugë çaji kripë dhe 1 lugë çaji piper. Hiqni 1 ons (2 lugë të pakta) të përzierjes së qengjit në të njëjtën kohë dhe rrotullojeni butësisht në një top me duart tuaja. Vendoseni në një pjatë dhe përsërisni me masën e mbetur të qengjit.

b) Në një tenxhere të madhe, ngrohni vajin në nxehtësi mesatare-të lartë. Shtoni qoftet dhe ziejini derisa të marrin ngjyrë kafe të artë dhe të bëhen krokante nga të gjitha anët, 7 deri në 9 minuta. Transferoni në një pjatë. Hidhni 3 lugë yndyrë nga tigani.

c) BËJNI SUPËN: Shtoni qepët, ¼ lugë çaji kripë dhe ¼ lugë çaji piper të mbetur në yndyrën e mbetur në tenxhere. Gatuani në zjarr mesatar-të lartë, duke i përzier shpesh, derisa qepët të marrin ngjyrë të artë dhe gjithçka të jetë zbutur, për 8 deri në 10 minuta. Shtoni pastën e domates dhe gatuajeni, duke e trazuar vazhdimisht, për rreth 1 minutë për të zbutur shijen e domates së papërpunuar. Shtoni lëngun e mishit dhe 1 lugë çaji kripë dhe lëreni të ziejë.

d) Shtoni eskarolin, fasulet, qoftet dhe ¼ lugë çaji të mbetur kripë dhe kthejeni supën të ziejë. Gatuani derisa eskarola të jetë zbehur dhe qoftet të jenë gatuar, edhe 4 deri në 6 minuta. Shijoni dhe rregulloni me kripë dhe piper.

e) Hidheni në enë, spërkatni me kripë deti të grirë (nëse dëshironi) dhe shërbejeni me një copë limoni së bashku.

48. Supë me qofte dreri

Përbërës

- ½ kile mish dreri pa dhjamë ose qengji,
- Tokë dy herë
- ½ filxhan oriz i gatuar
- ¼ filxhan qepë të grirë imët
- ¼ filxhan majdanoz i grirë imët
- 2 kanaçe Lëng pule të kondensuar
- (10-1/2 ons secila)
- 2 kanaçe Ujë
- ⅓ filxhan lëng limoni
- 2 vezë
- Kripë, piper

Drejtimet:

a) Kombinoni katër përbërësit e parë. Formoni topa ¾ inç. Ngrohni lëngun dhe ujin në pikën e zierjes.

b) Shtoni qofte; ziejnë 15 deri në 20 minuta. Në një supë, rrahim lëngun e limonit dhe vezët derisa të jenë të lëmuara.

c) Rrihni gradualisht në supë të nxehtë. Shtoni qoftet e fundit. I rregullojmë sipas shijes me kripë, piper.

49. Qofte stroganof

Serbimet: 6

Përbërësit:

- 1/2 - 24 oz. qese me qofte viçi, të shkrirë
- 10 oz. krem supë pule
- 1/2 filxhan lëng pule ose ujë
- 10 oz. kërpudha të prera në feta, të kulluara
- 1/2 filxhan salcë kosi
- petë me vezë të gjera, të gatuara
- kopër i freskët, i copëtuar

Drejtimet:

a) Shkrini qoftet në mikrovalë 2 – 3 minuta.

b) Kombinoni supën dhe lëngun në një tenxhere të madhe dhe ngrohni, duke i përzier vazhdimisht.

c) Shtoni qoftet dhe kërpudhat, mbulojeni dhe ziejini në zjarr të ulët për 10 minuta. Shtoni salcë kosi dhe ngrohni, pa zierje.

d) Hidhni me lugë petë dhe spërkatni me kopër.

50. Qofte franceze me qepë

Servings: 10-12

Përbërësit:

- 1 - 26 oz. qese me mish viçi
- 1 paketë përzierje e supës së thatë me qepë
- 1 kanaçe krem supë me kërpudha
- 1 kanaçe supë kremoze me qepë ose supë franceze me qepë
- 1 kanaçe me ujë

Drejtimet:

a) Vendosni qoftet në tenxhere të ngadaltë nga ngrirja.

b) Në një tas me madhësi mesatare, përzieni përzierjen e supës, supën e konservuar dhe ujin. Hidhni sipër qofteve dhe përzieni.

c) Gatuani në zjarr të ulët për rreth 4 deri në 6 orë OSE në temperaturë të lartë për rreth 2 deri në 3 orë, duke e përzier herë pas here.

d) Shërbejeni mbi petë me vezë ose si meze me kruajtëse dhëmbësh.

51. Straciatelle me qofte

Përbërës

- 1 litër lëng pule
- 2 gota Ujë
- ½ filxhan pastinë
- 1 lugë çaji majdanoz i freskët, i grirë
- ½ paund mish viçi pa dhjamë
- 1 vezë
- 2 lugë çaji thërrime buke me aromë
- 1 lugë çaji djathë i grirë
- 1 karotë, e prerë hollë
- ½ kile Spinaq, vetëm me gjethe
- Një pjesë e zbehur
- 2 lugë çaji majdanoz i freskët, i grirë
- 1 qepë e vogël, e grirë
- 2 vezë
- Djathë i grirë

Drejtimet:

a) Në një tenxhere supe, kombinoni përbërësit e supës dhe lëreni të ziejë pak. Përzieni përbërësit e mishit në një tas, shumë qofte të imta dhe hidhini në përzierjen e lëngut të zier.

b) Në një tas të vogël rrihni 2 vezë. Me një lugë druri, përzieni supën teksa hidhni vezët ngadalë, duke e përzier vazhdimisht. Hiqeni nga zjarri. Mbulojeni dhe lëreni të qëndrojë për 2 minuta.

c) Shërbejeni me djathë të grirë.

52. Supë me qofte dhe ravioli

Përbërës

- 1 lugë gjelle vaj ulliri ose vaj sallate
- 1 qepë e madhe; i grirë imët
- 1 thelpi hudhër; i grirë
- 28 ons domate të konservuara; i copëtuar
- ¼ filxhan pastë domate
- 13¾ ons supë viçi
- ½ filxhan verë e kuqe e thatë
- Majë borzilok të thatë, trumzë dhe rigon
- 12 ons Ravioli; e mbushur me djathë
- ¼ filxhan majdanoz; i copëtuar
- Djathë parmixhano; të grira
- 1 vezë
- ¼ filxhan thërrime të buta buke
- ¾ lugë çaji kripë qepë
- 1 thelpi hudhër; i grirë
- 1 kile mish viçi pa dhjamë

Drejtimet:

a) Qoftet skuqen me kujdes në vaj të nxehtë.

b) Përzieni qepën dhe hudhrën dhe ziejini për rreth 5 minuta, duke u kujdesur që qoftet të mos prishen. Shtoni domatet dhe lëngun e tyre, pastën e domates, lëngun e mishit, verën, ujin, sheqerin, borzilokun, trumzën dhe rigonin. Shtoni ravioli

53. Supë bullgare me qofte

Rendimenti: 8 racione

Përbërës

- 1 kile mish viçi i bluar
- 6 lugë oriz
- 1 lugë çaji paprika
- 1 lugë çaji këndshëm i tharë
- Kripë, piper
- Miell
- 6 gota Ujë
- 2 kubikë bulione viçi
- ½ tufë qepë jeshile; feta
- 1 piper zile jeshile; i copëtuar
- 2 karota; të qëruara, të prera hollë
- 3 domate; të qëruara dhe të grira
- 1 Sm. djegës të verdhë, të ndarë
- ½ tufë majdanoz; i grirë
- 1 vezë

- 1 limon (vetëm lëng)

Drejtimet:

a) Kombinoni mishin e viçit, orizin, paprikën dhe shijet e shijshme. I rregullojmë sipas shijes me kripë dhe piper. Përziejini lehtë por tërësisht. Formoni topa 1 inç.

b) Në një kazan të madh bashkojmë ujin, kubet e bujonit, 1 lugë gjelle kripë, 1 lugë çaji piper, qepët e njoma, piperin jeshil, karotat dhe domatet.

c) Mbulojeni, lëreni të vlojë, zvogëloni nxehtësinë dhe ziejini për 30 minuta.

54. Supë me qofte tortilla meksikane

Përbërës

- 1½ paund mish viçi pa dhjamë
- Perimet

Drejtimet:

a) Kombinoni mishin e grirë me cilantro, hudhrën, lëngun e limonit, qimnonin, salcën djegëse dhe kripë e piper. Formoni topa 1 ons.

b) Gatuani derisa të marrë ngjyrë kafe nga të gjitha anët, rreth 5 minuta.

c) Supë: Në një tenxhere të madhe supe, ngrohni 2 lugë gjelle vaj vegjetal. Shtoni qepët dhe hudhrat.

d) Shtoni specin djegës dhe gatuajeni për 2 minuta. Shtoni domatet dhe lëngun e tyre, lëngun e pulës, pluhurin djegës, qimnonin dhe salcën e nxehtë. Ziejini për 15 deri në 20 minuta.

e) Në një tas të vogël, bashkoni miellin dhe lëngun e pulës. Përzieni në supë. Kthejeni përsëri në një valë. Ulni nxehtësinë dhe ziejini për 5 minuta. Shtoni topa mishi dhe ziejini edhe 5 minuta të tjera.

55. Supë me qofte limoni

Përbërës

- 1 kile mish viçi i bluar
- 6 lugë oriz
- 1 lugë çaji paprika
- 1 lugë çaji këndshëm i tharë
- Kripë, piper
- Miell
- 6 gota Ujë
- 2 kubikë bulione viçi
- ½ tufë qepë jeshile; feta
- 1 piper zile jeshile; i copëtuar
- 2 karota; të qëruara, të prera hollë
- 3 domate; të qëruara dhe të grira
- 1 Sm. djegës të verdhë, të ndarë
- ½ tufë majdanoz; i grirë
- 1 vezë
- 1 limon (vetëm lëng)

Drejtimet:

a) Kombinoni mishin e viçit, orizin, paprikën dhe shijet e shijshme. I rregullojmë sipas shijes me kripë dhe piper. Përziejini lehtë por tërësisht. Formoni topa 1 inç, më pas rrokullisni në miell.

b) Në një kazan të madh bashkojmë ujin, kubet e bujonit, 1 lugë gjelle kripë, 1 lugë çaji piper, qepët e njoma, piperin jeshil, karotat dhe domatet. Mbulojeni, lëreni të vlojë, zvogëloni nxehtësinë dhe ziejini për 30 minuta.

c) Shtoni qoftet, mbulojeni dhe lërini të ziejnë përsëri. Ulni nxehtësinë dhe ziejini për 20 minuta. Shtoni specin djegës dhe ziejini të mbuluara për 40 minuta ose derisa orizi të jetë gatuar. Shtoni majdanoz gjatë 5 minutave të fundit të gatimit.

56. Supë bullgare me qofte

Përbërës

- 1 kile mish viçi i bluar
- 6 lugë oriz
- 1 lugë çaji paprika
- 1 lugë çaji këndshëm i tharë
- Kripë, piper
- 2 kubikë bulione viçi
- ½ tufë qepë jeshile; feta
- 1 piper zile jeshile; i copëtuar
- 2 karota; të qëruara, të prera hollë
- 3 domate; të qëruara dhe të grira
- 1 Sm. djegës të verdhë, të ndarë
- ½ tufë majdanoz; i grirë
- 1 vezë
- 1 limon (vetëm lëng)

Drejtimet:

a) Kombinoni mishin e viçit, orizin, paprikën dhe shijet e shijshme. I rregullojmë sipas shijes me kripë dhe piper.

b) Formoni topa 1 inç, më pas rrokullisni në miell.

c) Në një kazan të madh bashkojmë ujin, kubet e bujonit, 1 lugë gjelle kripë, 1 lugë çaji piper, qepët e njoma, piperin jeshil, karotat dhe domatet.

d) Mbulojeni, lëreni të vlojë, zvogëloni nxehtësinë dhe ziejini për 30 minuta. Shtoni qoftet, mbulojeni dhe lërini të ziejnë përsëri. Përzieni 1 deri në 2 lugë supë të nxehtë në përzierjen e vezëve, më pas përzieni përzierjen e vezëve në supë.

e) Ngroheni dhe përzieni derisa supa të trashet pak, por mos e lini të ziejë.

57. Supë aziatike me qofte

Përbërës

- 2 litra lëng pule
- ¼ paund Mish derri i bluar
- 1 lugë Qepë të grirë
- 1 lugë gjelle salcë soje
- 1 lugë çaji xhenxhefil i grirë imët
- 1 lugë çaji vaj susami

Rrotullat e karkalecave:

- ¼ paund karkaleca të bluara
- ½ filxhan petë celofani, të gatuara
- 1½ lugë çaji salcë soje
- 1 lugë çaji Qepë të grirë
- 1 lugë çaji hudhër të grirë
- 6 gjethe lakër Napa
- 6 zarzavate me qepë të gjatë
- Qepë të grira, për zbukurim

Drejtimet:

a) Në një tenxhere supe ngrohni ngadalë lëngun e pulës në zjarr të ngadaltë. Bëni qofte: Kombinoni përbërësit dhe formoni topa 5-inç.

b) Bëni role karkalecash: Kombinoni karkalecat dhe 4 përbërësit e ardhshëm. Shtroni gjethet e lakrës, grumbulloni $1\frac{1}{2}$ lugë mbushje në qendër dhe palosni si një rrotull veze; lidheni mirë me një qepë.

c) Hidhni me kujdes qoftet dhe rrotullat e karkalecave në lëngun e zierjes. Gatuani në zjarr të ulët, 15 minuta.

d) Hidhni disa qepë të grira në një tenxhere supe, rregulloni erëzat dhe shërbejeni.

58. Supë me qofte xhenxhefil dhe lakërishtë

Përbërës

- 1 kanaçe (8 ons) gështenja uji
- 1 kile mish derri pa dhjamë i bluar imët
- 4½ lugë çaji Xhenxhefil i freskët i qëruar dhe i grirë
- 1 piper i bardhë i bluar, për shije
- 1½ lugë çaji salcë soje
- 2⅛ lugë çaji niseshte misri
- Kripë për shije
- 5 gota lëng perimesh
- 5 gota lëng pule
- 1 kripë
- 1 piper i zi i sapo bluar
- 2 tufa lakërishtë, të copëtuara
- 3 Qepë të njoma, të grira hollë

Drejtimet:

a) Qofte: Prisni imët 12 nga gështenjat e ujit. Rezervoni ato të mbetura për zbukurim. Kombinoni mishin e derrit, xhenxhefilin, gështenjat me ujë të copëtuar, salcën e sojës, niseshtenë e misrit, kripën dhe piperin. Përziejini mirë dhe formoni toptha me diametër $\frac{3}{4}$ inç.

b) Supë: Sillni lëngun e perimeve dhe lëngun e pulës të ziejnë në një tenxhere të madhe. Vendosni një të katërtën e qofteve në lëng mishi dhe ziejini derisa të ngrihen në majë.

c) I rregullojmë me kripë dhe piper të zi sipas shijes. Kthejeni nxehtësinë në mesatare të ulët. Shtoni lakërishten dhe qepët e njoma.

d) Gatuani, pa mbuluar, për disa minuta derisa lakërishta të jetë tharë pak.

59. Zierje italiane me top mishi

Përbërës

- 1½ paund mish viçi pa dhjamë
- ½ filxhan thërrime të imta buke
- 2 vezë të rrahura
- ¼ filxhan qumësht
- 2 lugë djathë parmixhano të grirë
- 1 lugë çaji kripë/piper
- ⅛ lugë çaji kripë hudhër
- 2 karota të qëruara dhe të prera
- 6 ons pastë domate
- 1 filxhan supë viçi
- ½ lugë çaji rigon
- 1 lugë çaji kripë me erëza
- ½ lugë çaji borzilok
- 10 ons Ngrirë në stilin italian
- Perimet pjesërisht të shkrira

Drejtimet:

a) Kombinoje viçin me thërrimet e bukës, vezët, qumështin, djathin, kripën, kripën e hudhrës dhe piperin. Formoni topa 2 inç. Hidhni karotat në fund të tenxheres me gatim të ngadaltë.

b) Rendisim toptha mishi mbi karota. Kombinoje pastën e domates me ujë, boullion, rigon, kripë të kalitur dhe borzilok. Hidhni mbi mish. Mbulojeni dhe gatuajeni në temperaturë të ulët për 4 deri në 6 orë.

c) Mbulojeni dhe gatuajeni në temperaturë të lartë për 15 deri në 20 minuta ose derisa perimet të jenë të buta.

60. Qofte në salcë kremi

Përbërës

- 8 ons viçi i grirë i ligët
- 8 ons mish derri i grirë ose shpatull viçi
- 1 qepë e vogël e verdhë; i grirë imët
- ½ lugë çaji kripë, piper i zi
- ¼ lugë çaji Trumzë e thatë; i shkërmoqur
- ¼ lugë çaji Marjoram ose rigon; i shkërmoqur
- ¼ lugë çaji Arrëmyshk i bluar
- 1½ filxhan thërrime buke të freskëta
- 2 lugë gjelle gjalpë
- 2 lugë miell për të gjitha përdorimet
- 1½ filxhan lëng viçi
- 2 lugë kopër të copëtuar - ose -
- 2 lugë çaji Bar i thatë i koprës
- ½ filxhan krem i rëndë ose i lehtë

Drejtimet:

a) Në një enë përzieni me duar mishin e viçit, mishin e derrit, qepën, kripën, piperin, trumzën, borzilokin, arrëmyshkun, thërrimet e bukës dhe ujin.

b) Formoni përzierjen në topa 2 inç. Ziejini në çdo anë ose derisa të skuqen lehtë.

c) Për të përgatitur salcën, shkrini gjalpin në një tigan të rëndë 10 inç mbi nxehtësinë e moderuar. Përzieni miellin për të bërë një pastë të lëmuar. Transferoni qoftet në salcë.

d) Hidhni koprën dhe shtoni kremin dhe përzieni derisa salca të jetë e qetë, rreth 1 minutë. Shtoni një skuqje me paprika dhe kopër. Shërbejeni me patate ose petë me vezë të lyer me gjalpë.

61. Sopa de albondigas

Përbërës

- 1 Qepë e grirë
- 1 Karafil hudhër të grirë
- 2 luge vaj
- $\frac{3}{4}$ paund mish viçi i bluar
- $\frac{3}{4}$ paund Mish derri i bluar
- $\frac{1}{3}$ filxhan oriz i papërpunuar
- $1\frac{1}{2}$ lugë çaji kripë
- 4 ons salcë domate
- 3 litra lëng viçi
- $\frac{1}{4}$ lugë çaji Piper
- 1 Vezë e rrahur pak
- 1 lugë gjelle gjethe mente të grira

Drejtimet:

a) Zihet qepa dhe hudhra në vaj; shtoni salcën e domates dhe lëngun e viçit. Ngroheni deri në pikën e vlimit.

b) Përzieni mishin me orizin, vezën, nenexhikun, kripën dhe piperin; formësoni topa të vegjël.

c) Hidheni në supë të vluar. Mbulojeni fort dhe gatuajeni për 30 minuta. Do të ngrijë bukur.

SALATA ME QOPLE

62. Qofte daneze me sallatë kastravec

Përbërës

- 1½ paund Viçi i bluar dhe mish derri
- 1 qepë
- 2 luge miell
- 2 lugë gjelle thërrime buke; thatë
- 2 vezë
- Kripë dhe piper

Për sallatën me kastravec

- 1 kastravec
- 2 gota uthull
- 2 gota Sheqer
- 2 gota Ujë
- Kripë dhe piper

Drejtimet:

a) Hidhni mishin e grirë dhe derrin në një enë, shtoni vezën, miellin dhe thërrimet e bukës së thatë.

b) Përziejini së bashku dhe përzieni në qepë të grirë imët. Shtoni kripë dhe piper për shije. Vendosni gjalpin në një tigan të nxehtë.

c) Skuqni qofte. Shërbejeni me bukë dhe gjalpë daneze, dhe sallatë me kastravec.

63. Sallatë me qofte orientale

Përbërës

- ½ filxhan qumësht
- 2 vezë
- 3 gota thërrime buke të buta
- 1 lugë çaji kripë qepë
- 1 kile mish viçi i bluar
- 2 lugë çaji vaj kikiriku
- 8¼ ons copa ananasi
- 2 speca jeshil
- 2 karota
- 2 kërcell selino
- ½ filxhan sheqer kaf, i paketuar
- 2 lugë niseshte misri
- ½ filxhan verë e bardhë e thatë, ½ filxhan uthull
- 2 lugë salcë soje
- 2 Domate, marule të prera dhe të grira

Drejtimet:

a) Kombinoni vezët dhe qumështin, përzieni thërrimet e bukës, kripën e qepës dhe $\frac{1}{8}$ lugë çaji piper. Shtoni mishin e grirë dhe përzieni mirë. Formoni përzierjen në qofte. Gatuani qofte.

b) Kombinoni copat e ananasit, piperin jeshil, karotën, selinon dhe qoftet; le menjane.

c) Në një tenxhere të vogël kombinoni sheqerin kaf dhe niseshte misri; përzieni $\frac{3}{4}$ filxhan lëng ananasi, verë, uthull dhe salcë soje. Gatuani dhe përzieni derisa të trashet dhe të marrë flluska. Hidhni përzierjen e nxehtë mbi përzierjen e qofteve.

64. Qofte me sallatë domate

Serbimet 2

Përbërësit

- 500 gr mish viçi i grirë
- 1 filxhan (70 g) bukë të freskët
- 1 qepë kafe, e grirë trashë
- 3 lugë çaji erëza marokene
- ⅓ filxhan (65 g) elb perla
- 350 gr domate të përziera të grira, të grira trashë
- 1 kastravec libanez, i prerë në masë
- 1 filxhan gjethe majdanozi me gjethe të sheshta

- 1/2 filxhan gjethe nenexhiku

- 2 lugë çaji vaj ulliri

- 200 g Coles Hommus Dip

- 1/4 filxhan (40 g) kokrra shege

Salcë kosi me kopër

- 1 filxhan (280 g) kos të stilit grek

- 1/2 filxhan gjethe nenexhiku

- 2 lugë gjelle kopër të grirë trashë

- 2 lugë gjelle lëng limoni

a) Shtroni një tepsi me letër pjekjeje. Vendosni mishin e grirë, thërrimet e bukës, qepën dhe erëzat marokene në një tas të madh. Sezoni. Përdorni duart tuaja për të përzier derisa të kombinohen mirë. Rrotulloni lugë gjelle me përzierje të grirë në topa. Vendoseni në tepsi me rreshtim. E vendosim në frigorifer për 30 minuta që të ftohet.

b) Ndërkohë gatuajmë elbin në një tenxhere të madhe me ujë të vluar për 20 minuta ose derisa të zbutet. Rifreskojeni nën ujë të ftohtë. Kullojini mirë.

c) Vendoseni elbin në një tas të madh. Shtoni domaten, kastravecin, majdanozin dhe nenexhikun. Hidheni për t'u kombinuar.

d) Ngrohni vajin në një tigan të madh në zjarr të lartë. Shtoni qoftet dhe ziejini, duke i kthyer herë pas here, për 10 minuta ose derisa të marrin ngjyrë kafe të artë dhe të gatuhen. Lëreni mënjanë për 5 minuta për të pushuar.

e) Për të bërë salcën e kosit me kopër, përzieni kosin, nenexhikun, koprën dhe lëngun e limonit në një blender derisa të jenë të lëmuara. Sezoni.

f) Hidhni humusin me lugë në një pjatë servirjeje. Hidhni sipër përzierjen e elbit, qoftet dhe kokrrat e shegës. Spërkateni me salcë kosi me kopër.

BURGER, MBËSHTETJE DHE SANDWICHES

65. Qofte derri djegës me xham soje Bánh Mi

Rendimenti: 6 sanduiçe

Përbërësit:

Për sanduiçin:

- 6 bagueta të vogla me kore

Për qoftet e derrit të djegur me sojë:

- 3 1/3 ons salcë soje të errët (për glazurën në fund)
- 17 ons mish derri të grirë
- 1 djegës i kuq i nxehtë i freskët i copëtuar (i papastër)
- 3 qepë të grira hollë
- 1 lugë çaji mustardë integrale
- Një majë kripë dhe piper
- Majë paprika
- Për majonezën me hudhër të pjekur ngadalë:
- 6 thelpinj hudhër (lërini pa qëruar)
- 1 kavanoz i vogël majonezë (afërsisht 200 gram)
- Një majë kripë deti
- Vaj ulliri për t'u derdhur

Për karotat turshi:

- 2 karota të mëdha (të qëruara dhe të lara)
- 6 3/4 ons uthull vere të bardhë
- 3 1/3 ons ujë
- 1 lugë gjelle sheqer të bardhë
- 5 bishtaja kardamom
- 2 karafil
- 1 anise yll

Për shijet e domates dhe piperit të zi:

- 1 kanaçe domate të grira (400 g)
- 2 lugë salcë soje të errët
- 1 lugë çaji me thekon djegës
- 10 kokrra piper te zi
- 2 luge uthull balsamike
- 1 lugë gjelle sheqer kaf

Për përzierjen e cilantro dhe qepë të pranverës:

- 1 tufë qepë
- 1 tufë cilantro

Drejtimet:

Për qoftet e derrit djegës me sojë:

a) Shtoni mishin e grirë në një tas, shtoni të gjithë përbërësit e tjerë (përveç salcës së sojës) dhe përzieni mirë.

b) Përzierjen e ndajmë në 18 topa të barabartë.

c) Në një tigan/tivë të nxehur paraprakisht, shtoni një lugë të vogël vaj gatimi dhe skuqni topat e derrit në nxehtësi të ulët ose mesatare për 15 minuta të mira, duke u siguruar që topat e derrit të bëhen krokante dhe mishi i derrit të gatuhet.

d) Pasi topat e derrit të jenë krokante dhe të gatuar, kulloni me kujdes çdo yndyrë të tepërt nga tigani dhe shtoni 3 1/3 ons salcë soje të errët. Në zjarr të ulët, lërini topat e derrit të glazurat ngadalë në salcën e sojës, duke i përzier butësisht dhe në mënyrë të barabartë. Pas disa minutash, salca e sojës do të pakësohet me topat e derrit dhe do të bëhet më e ngjitshme. Kjo është kur ju e dini se ata janë gati për të shërbyer!

Për majonezën me hudhër të pjekur ngadalë:

e) Ngrohni një furrë paraprakisht në 320 gradë.

f) Shtroni një copë fletë metalike në një tabaka furre dhe vendosni thelpinj hudhër mbi të dhe spërkatni me një sasi të vogël vaj ulliri, shtoni një majë kripë deti dhe mbështillni karafilat në petë dhe vendosini në furrë. tabaka për afërsisht 30 deri në 40 minuta (karafilët e hudhrës duhet të jenë të buta dhe të kenë erë të mahnitshme).

g) Pasi të jenë zier thelpinjtë e hudhrës, lërini të ftohen pak, më pas shtrydhni thelpinj nga lëkura dhe në një tas dhe përziejini mirë me majonezën.

h) Lërini mënjanë në frigorifer.

Për karotat turshi:

i) Filloni duke i prerë karotat në copa të hollë si shkop ndeshjeje.

j) Më pas në një tenxhere shtoni ujin, uthullën, sheqerin, karafilin, anise dhe kardamonin dhe lërini të ziejnë.

k) Shtoni në tigan karotat e prera në feta dhe zvogëloni zjarrin në zjarr të ngadaltë.

l) Ziejini për rreth 15 deri në 20 minuta

m) Më pas fikeni dhe lëreni të ftohet, më pas derdhni në kavanoza ose në një enë plastike dhe vendoseni në frigorifer.

Për shijet e domates dhe piperit të zi:

n) Shtoni të gjithë përbërësit në një tigan dhe lërini të ziejnë ngadalë për rreth 25 deri në 30 minuta.

o) Lëreni të ftohet dhe lëreni në frigorifer.

p) Pasi të keni gati përbërësit e mëposhtëm, gjithçka që duhet të bëni është të përgatisni sa vijon:

Për përzierjen e cilantro dhe qepë të pranverës:

q) Lani fillimisht qepët e pranverës dhe cilantron e freskët. Më pas grijini qepët e vogla në një kënd dhe copëtoni lirshëm cilantron, më pas përzieni së bashku.

r) Tani që të gjithë përbërësit janë gati, ju mund t'i bëni qoftet e derrit me lustër soje bánh mì.

Ndërtimi i sanduiçit:

s) Filloni duke i prerë roletë me kore të hapura dhe duke përhapur një lugë gjelle majonezë hudhër të pjekur në të dy anët dhe një lugë gjelle shije domate dhe piper të zi në të dyja anët.

t) Vendosni tre qofte me glazurë soje në role dhe shtoni një lugë karrota turshi.

u) Më pas spërkatni sipër përzierjen e cilantros së freskët dhe qepëve të pranverës dhe shijoni!

66. Meatball Nën

RERBIME 4 racione

Përbërësit

- Më poshtë 16 qofte të ngrira ose të bëra vetë
- 2 gota salcë makaronash ose salcë marinara
- 4 rrotulla hoagie
- 4 lugë gjalpë hudhër
- 1 filxhan djathë provolone ose mocarela të grirë
- Qofte (ose përdorni qofte të ngrira nëse preferoni)
- 1 kile mish viçi pa yndyrë
- 1 vezë
- ½ filxhan thërrime buke të kalitur
- ½ lugë çaji erëza italiane
- ½ lugë çaji pluhur qepë
- kripë dhe piper për shije

Drejtimet:

a) Përgatitni qoftet sipas udhëzimeve në paketë ose për qofte shtëpie, kombinoni të gjithë përbërësit e qofteve.

b) Rrokullisni në topa 1" dhe vendosini në një tavë të veshur me pergamenë. Piqini në 350°F për 20 minuta ose derisa të gatuhet.

c) Vendosni qoftet e gatuara në një tenxhere me salcë makaronash dhe ziejini të mbuluara për 10 minuta.

d) Ndërkohë, lyeni me gjalpë hudhër brenda çdo roleje. Ngrohni broilerin dhe ziejini rrotullat derisa të marrin ngjyrë të artë, rreth 3 minuta.

e) Rregulloni roletë në një enë pjekjeje 9x13. Vendosim 4 qofte në çdo role dhe sipër i hedhim pak salcë dhe djathë.

f) Ziejini 2-3 minuta ose derisa djathi të shkrihet. Shërbejeni me salcë shtesë për zhytje nëse dëshironi.

67. Nën topin vegjetal

Përbërës

- 1 filxhan granula Tvp
- 1 gotë ujë të vluar
- ½ filxhan thërrime buke
- ¼ filxhan miell gruri integral
- ½ lugë çaji kripë
- ¼ lugë çaji Cayenne
- 1 lugë çaji Sherebelë
- ½ lugë çaji kopër
- 1 lugë çaji rigon
- ½ lugë çaji pluhur hudhër
- ½ lugë çaji trumzë
- 1 lugë çaji vaj ulliri
- 4 rrotulla nëndetëse (individuale)
- 1 filxhan salcë spageti, e ngrohur
- 2 speca zile të mesme, të pjekura

Drejtimet:

a) Bashkoni TVP dhe ujin e vluar dhe lëreni të qëndrojë derisa uji të përthithet, rreth 5 minuta. Shtoni thërrimet e bukës, miellin, kripën, kajenin, sherebelën, kopërin, rigonin, hudhrën dhe trumzën. Përziejini mirë.

b) Formoni përzierjen TVP në 12 topa. Fërkoni pëllëmbët me vaj ulliri dhe rrotulloni çdo top në duar për t'i mbuluar ato. Vendosini në një tepsi të lyer me pak vaj dhe ziejini derisa të marrin ngjyrë kafe, 10 minuta.

c) Vendosni tre topa në secilën role dhe sipër lyeni me salcë dhe speca.

68. Topa proshutë-burger me petull

Përbërës

- 2 gota proshutë të bluar; (rreth 1/2 paund)
- ½ paund çak tokësor
- 1 filxhan thërrime buke gruri
- 1 vezë; i rrahur
- ¼ filxhan qepë të grirë
- 2 lugë fara luledielli të kripura - OSE -
- ½ lugë çaji kripë
- 2 kanaçe (23 oz secila) maja; kullohen dhe priten në kubikë
- ½ filxhan shurup misri i errët
- ½ filxhan lëng molle ose lëng ananasi
- ¼ lugë çaji arrëmyshk
- 1 lugë gjelle niseshte misri

Drejtimet:

a) Përzieni tërësisht mishin e bluar, thërrimet e bukës, vezën, qepën dhe farat e luledielit.

b) Formoni 12 deri në 16 qofte. Vendoseni në raft në tiganin e brojlerëve. Piqini qoftet në furrë të parangrohur në 425 gradë për 15 minuta.

c) Vendos jams në Crock-Pot. Bashkoni shurupin e misrit, lëngun dhe arrëmyshkun dhe derdhni gjysmën mbi kërpudhat. Vendosni qoftet e skuqura mbi fruta dhe sipër me salcën e mbetur. Mbulojeni dhe gatuajeni në temperaturë të ulët për 5 deri në 6 orë.

d) Transferoni qoftet në pjatën për servirje; vendosni petullat në tasin për servirje dhe mbajini të ngrohta. Llokoçisni miell misri në salcë. Mbulojeni dhe gatuajeni në temperaturë të lartë derisa të trashet; hidhini sipër petullave para servirjes.

69. Sanduiçe me qofte të nxehta

Përbërës

- 26 ons salcë spageti; të ndarë
- ½ filxhan thërrime buke të freskëta
- 1 qepë e vogël; i grirë imët
- ¼ filxhan djathë parmixhano të grirë ose romano
- 1 vezë
- 1 lugë çaji Thekon majdanoz të thatë
- 1 lugë çaji pluhur hudhër
- 1 kile mish viçi i bluar
- 4 role sanduiç italian

Drejtimet:

a) Kombinoni gjithçka.

70. Nën. qofte-patëllxhan

Përbërës

- 1 paund Viçi i grirë pa dhjamë
- 14 ons salcë spageti me borzilok të kalitur; 1 kavanoz
- 1 patëllxhan mesatar
- 4½ lugë gjelle vaj ulliri; Të ndarë
- 1 qepë e kuqe mesatare
- ¼ paund kërpudha
- 4 bagueta; 6-8 inç i gjatë
- 4 ons djathë Provolone; 4 feta

Drejtimet:

a) Pritini patëllxhanin në biftekë ½ deri në ¾ inç dhe vendoseni në një pjatë, spërkatni me kripë dhe lëreni të kullojë për 30 minuta.

b) Formoni mishin e grirë në dymbëdhjetë qofte me diametër 1½ inç. I kaurdisim në një tenxhere, në zjarr të ngadaltë, duke i rrotulluar shpesh që të skuqen në mënyrë të barabartë dhe të mos ngjiten. shtoni salcën e spagetit. Lërini të ziejnë për t'u siguruar që qoftet të jenë gatuar mirë.

c) Ngrohni 3 Tb vaj ulliri dhe kaurdisni butësisht patëllxhanin në zjarr mesatar.

d) Spërkateni me kripë dhe piper sipas shijes.

e) Gatuani për 4 minuta dhe më pas shtoni kërpudhat.

f) Pritini bagutet për së gjati dhe shtrojini pjesët e poshtme të bukës me një shtresë të hollë biftekë patëllxhani dhe më pas mbulojini me 3 qofte.

g) Hidhni me lugë një sasi të madhe të salcave shtesë të spagetit dhe shpërndani me bollëk qepët dhe kërpudhat mbi qoftet.

71. Sanduiçe heronj me qofte

Përbërës

- Spërkatje me vaj vegjetal që nuk ngjit
- $1\frac{1}{2}$ paund mish viçi pa dhjamë
- $\frac{1}{2}$ filxhan djathë parmixhano të grirë
- 2 vezë
- $\frac{1}{4}$ filxhan majdanoz i freskët i grirë
- $\frac{1}{4}$ filxhan kornfleks të grimcuar
- 3 thelpinj hudhër; i grirë
- $2\frac{1}{2}$ lugë çaji Rigon i tharë
- $\frac{1}{2}$ lugë çaji piper i bardhë i bluar
- $\frac{1}{2}$ lugë çaji kripë
- 3 gota Salcë marinara e blerë
- 6 role të gjata italiane ose franceze; i ndarë për së gjati, i thekur
- 6 servirje

Drejtimet:

a) Një sanduiç klasik që garantohet të kënaqet, qoftë i shërbyer si një drekë fundjave apo një darkë e lehtë për natën e javës.

b) Kombinoni mishin e bluar, djathin parmixhano të grirë, vezët, majdanozin e freskët të grirë, kornflakes të grimcuar, hudhrën e grirë, rigonin e tharë, piperin e bardhë të bluar dhe kripën në një tas të madh dhe përzieni tërësisht.

c) Duke përdorur duar të lagura, formoni përzierjen e mishit në rrumbullakët $1\frac{1}{2}$ inç dhe vendoseni në fletën e përgatitur, duke i ndarë në mënyrë të barabartë.

d) Piqni qoftet derisa të jenë të forta për t'u prekur.

72. Nën. qofte-patëllxhan

Përbërës

- 1 paund Viçi i grirë pa dhjamë
- 14 ons salcë spageti me borzilok të kalitur; 1 kavanoz
- 1 patëllxhan mesatar
- 4½ lugë gjelle vaj ulliri; Të ndarë
- 1 qepë e kuqe mesatare
- ¼ paund kërpudha
- 4 Role ose Baguettes sanduiç buke franceze; 6-8 inç i gjatë
- 4 ons djathë Provolone; 4 feta

Drejtimet:

a) Pritini patëllxhanin në biftekë ½ deri në ¾ inç dhe vendoseni në një pjatë, spërkatni me kripë dhe lëreni të kullojë për 30 minuta.

b) Formoni mishin e grirë në dymbëdhjetë qofte me diametër 1½ inç. I kaurdisim në një tenxhere, në zjarr të ngadaltë, duke i rrotulluar shpesh që të skuqen në mënyrë të barabartë dhe të mos ngjiten.

c) Pritini qepën në rrathë të hollë dhe kërpudhat i prisni në copa të parregullta dhe i lëmë mënjanë.

d) Shpëlajini mirë biftekët e patëllxhanëve dhe më pas thajini. Ngrohni 3 Tb vaj ulliri dhe kaurdisni butësisht patëllxhanin në nxehtësi mesatare,

e) Spërkateni me kripë dhe piper sipas shijes. E largojmë nga zjarri dhe e lëmë të kullojë.

f) Gatuani për 4 minuta dhe më pas shtoni kërpudhat.

g) Pritini bagutet për së gjati dhe ndani pjesën e sipërme nga pjesa e poshtme. Shtroni copat e poshtme të bukës me një shtresë të hollë biftekë patëllxhani dhe më pas mbulojini me 3 qofte.

Qofte DHE PASTA

73. Rigatoni dhe qofte të pjekura

Përbërës

- 3½ filxhan makarona Rigatoni
- 1⅓ filxhan Mocarela, e grirë
- 3 lugë gjelle parmixhan i sapo grirë
- 1 kile gjeldeti i grirë i dobët

Drejtimet:

a) Qofte: Në enë rrihni lehtë vezën; përzieni qepën, thërrimet, hudhrën, parmixhanin, rigonin, kripën dhe piperin. Përzieni në gjeldeti.

b) Formoni lugët e grumbulluara në topa.

c) Në një tigan të madh, ngrohni vajin mbi nxehtësinë mesatare-të lartë; gatuajini qoftet, në tufa nëse është e nevojshme, për 8-10 minuta ose derisa të marrin ngjyrë kafe nga të gjitha anët.

d) Në tigan shtoni qepën, hudhrën, kërpudhat, piperin jeshil, borzilokun, sheqerin, rigonin, kripën, piperin dhe ujin; gatuajeni në zjarr mesatar, duke i përzier herë pas here, për rreth 10 minuta ose derisa perimet të jenë zbutur. Përzieni domatet dhe pastën e domates; sillni në valë. Shtoni qofte

e) Ndërkohë, në një tenxhere të madhe me ujë të vluar me kripë, gatuajeni rigatonin. Transferoni në enë pjekjeje me përmasa 11 x 7 inç ose në tavë furre të cekët me 8 filxhanë.

f) Spërkateni mocarelën, pastaj parmixhanin në mënyrë të barabartë sipër. Piqem

74. Pena të pjekura me qofte gjeldeti

Përbërës

- 1 kile gjeldeti i bluar
- 1 thelpi i madh hudhër; i grirë
- ¾ filxhan thërrime buke të freskëta
- ½ filxhan qepë të grirë imët
- 3 lugë arra pishe; i thekur
- ½ filxhan gjethe majdanoz të freskët të grirë
- 1 vezë e madhe; i rrahur lehtë
- 1 lugë çaji Kripë
- 1 luge piper i zi
- 4 lugë vaj ulliri
- 1 paund Pene
- 1½ filxhan djathë mocarela e grirë trashë
- 1 filxhan djathë romano i sapo grirë
- 6 gota salcë domate
- 1 enë; (15 oz) djathë rikota

Drejtimet:

a) Në një enë përzieni mirë gjelin e detit, hudhrën, thërrimet e bukës, qepën, arrat e pishës, majdanozin, vezën, kripën dhe piperin dhe formoni qofte dhe gatuajeni.

b) Gatuani makaronat

c) Në një tas të vogël hedhim së bashku mocarelën dhe Romanon. Hidhni rreth $1\frac{1}{2}$ filxhan salcë domate dhe gjysmën e qofteve në pjatën e përgatitur dhe gjysmë lugë makarona sipër.

d) Përhapeni gjysmën e mbetur të salcës dhe gjysmën e përzierjes së djathit mbi makaronat. Hidhni sipër qoftet e mbetura dhe hidhni kukulla rikota mbi qofte. Piqni penat në mes të furrës për 30 deri në 35 minuta.

75. Qofte dhe makarona të shkurtra

Përbërës

- 1 qepë e prerë imët
- 1 filxhan selino të prerë në kubikë
- 2 karota; prerë si të duash, deri në 3
- 2 lugë pure domate
- 3 gota Ujë
- Kripë
- Piper
- Gjethja e dafinës
- 2 lugë vaj; deri në 3
- 1 kile Mish i grirë; (më e mira është gjeldeti)
- 1 fetë Chala e njomur; kullohet dhe bëhet pure
- 3 vezë
- Pak miell

Drejtimet:

a) Lëng mishi: në një tenxhere të madhe ngrohni vajin, shtoni qepën, selinon, karotat, purenë e domates, ujin dhe erëzat dhe ziejini. Ndërkohë përgatisni qoftet.

b) Qofte: Kombinoni dhe formoni qofte rreth 12-14. Hidhni në miell dhe hidhni lëngun e zier. Gatuani për 40 minuta në zjarr të ulët. Sigurohuni që të keni mjaft lëngje, do t'ju duhen për makaronat.

c) Zieni 250-400 ($\frac{1}{2}$-$\frac{2}{3}$paund) makarona të shkurtra për $\frac{2}{3}$të kohës së rekomanduar. Piqeni për 20-30 deri në nxehtësi

76. Qofte dhe salcë spageti

Përbërës

- 1 filxhan Topa mishi
- ¼ lugë çaji kripë
- ¼ lugë çaji piper i zi i bluar
- ½ filxhan djathë parmixhano të grirë
- 1 paund Viçi i grirë pa dhjamë
- 1 luge vaj ulliri
- 2 qepë të grira
- 4 thelpinj hudhër të shtypur ose
- 2 Hudhra të grira
- 14 ons Can Salcë domate
- ½ filxhan verë e kuqe (opsionale)
- 1 piper i ëmbël jeshil
- 1 lugë çaji borzilok me gjethe të thata
- ½ lugë çaji me gjethe rigon

Drejtimet:

a) Formoni mishin në qofte 1 inç. Shtoni në salcën e spagetit për gatim.

b) Ngrohni vajin në një tenxhere të madhe të vendosur mbi nxehtësinë mesatare. Shtoni qepët dhe hudhrat. kaverdisim për 2 minuta. Shtoni përbërësit e mbetur. Mbulojeni dhe lëreni të ziejë, duke e përzier shpesh.

c) Më pas, zvogëloni nxehtësinë dhe ziejini, duke e përzier shpesh për të paktën 15 minuta.

77. Spageti qofte gjeldeti

Përbërës

- ¾ paund Gjoks gjeli të bluar pa lëkurë ose gjeldeti i bluar
- ¼ filxhan karotë të grirë
- ¼ filxhan qepë të copëtuar
- ¼ filxhan thërrime buke të thata
- 1 lugë gjelle Borzilok i freskët i grirë OSE 1 lugë çaji gjethe borziloku të thata
- 2 lugë qumësht i skremuar
- ½ lugë çaji kripë; nëse dëshironi
- ¼ lugë çaji Piper
- 1 thelpi hudhër; i grimcuar
- 3 filxhanë salcë të përgatitur për spageti
- 2 gota spageti të ziera të nxehta ose kunguj spageti
- Djathë parmixhano i grirë; nëse dëshironi

Drejtimet:

a) Në një tas mesatar, kombinoni gjelin e bluar, karotën, qepën, thërrimet e bukës, borzilokun, qumështin, kripën, piperin dhe hudhrën; përzieni mirë. Formoni përzierjen e gjelit të detit në topa 1-inç.

b) Në një tenxhere të madhe, bashkoni qoftet dhe salcën. Mbulesë; gatuajeni në zjarr mesatar për 10 deri në 15 minuta derisa qoftet të mos jenë më rozë në qendër, duke i përzier herë pas here.

c) Shërbejeni me spageti të gatuara ose kunguj spageti. Spërkateni me djathë parmixhano.

KOFET PËR NDËRTIMIN E MUSKUJVE

78. Qofte italiane pule me spageti

Shërben: 4

Përbërësit:

- 1 paund gjoks pule të bluar
- 1 vezë liri (1 lugë gjelle farë liri të bluar + 1 lugë gjelle ujë)
- 1 lugë gjelle borzilok të freskët të grirë
- 1 lugë majdanoz i freskët italian i grirë
- ½ lugë çaji rigon të tharë
- ¼ lugë çaji pluhur qepë
- ¼ lugë çaji pluhur hudhër

Për salcën e domates

- 2 kanaçe (15oz) salcë domate pa kripë
- ¾ filxhan ullinj të zinj të pjekur në Kaliforni, të prerë në feta
- 1 lugë gjelle kaperi
- 1 lugë çaji hudhër të grirë
- 1 qepë e ëmbël mesatare, e prerë në kubikë
- 1½ filxhan kërpudha të copëtuara me butona

- ½ lugë çaji piper i zi
- ½ lugë çaji trumzë e thatë
- ½ lugë çaji rozmarinë e tharë, e grimcuar
- ⅓ lugë çaji borzilok i tharë
- 1 lugë gjelle borzilok të freskët të grirë
- 1 lugë majdanoz i freskët italian i grirë

Për spageti

- 4 patate të ëmbla të mëdha (të spiralizuara)

Drejtimet:

Për qofte pule:

a) Ngrohni furrën në 350°F.

b) Përgatitni vezën e lirit në një tas të vogël dhe lëreni mënjanë në xhel.

c) Në një tas të madh, kombinoni pulën e bluar, barishtet, erëzat dhe vezën e lirit. Përziejini mirë që të bashkohen.

d) Lyeni me yndyrë një tavë të madhe pjekjeje dhe formoni 12-14 qofte duke i vendosur në mënyrë të barabartë në tepsi.

e) Piqni për 30 minuta ose derisa pula të jetë gatuar plotësisht.

Për salcën e domates:

f) Thjesht shtoni të gjithë përbërësit e salcës në një tenxhere të madhe supe dhe ziejini për 10 minuta. Shtoni qoftet e pulës dhe ziejini për 5 minuta të tjera.

Për spageti:

g) Thjesht spiralizoni patatet tuaja të ëmbla (1 për person kështu që 4 patate do të jenë të mjaftueshme), duke përdorur tehun C.

h) Shtoni patatet e spiralizuara në një tas të sigurt për mikrovalë me disa lugë ujë dhe ziejini me avull në mikrovalë për 3-5 minuta derisa të zbuten pak.

i) Shërbejeni qofte dhe salcë mbi spageti dhe shijojeni!

79. Qofte mesdhetare gjeldeti me Tzatziki

Shërben: 50

Përbërësit:

- 2 paund gjeldeti i bluar (kam përdorur 1 kile yndyrë 6% dhe 1 kile 1% yndyrë)
- 2 luge vaj ulliri
- 1 qepë mesatare, e grirë hollë
- Një majë kripë
- 1 kungull i njomë mesatar, i grirë në rende
- 1½ lugë gjelle kaperi, të copëtuar
- ½ filxhan domate të thara në diell, të copëtuara
- 2 feta bukë gruri integral (ose bukë e bardhë)
- ½ filxhan majdanoz
- 1 vezë
- 1 thelpi hudhër e madhe, e grirë hollë
- ½ lugë çaji kripë kosher
- ½ lugë çaji piper i zi
- 1 lugë gjelle salcë Worcestershire

- ½ filxhan djathë parmixhano të grirë ose të grirë
- 2 lugë mente të freskët të grirë imët

Për salcën tzatziki

- 8 ons kos të thjeshtë me pak yndyrë
- 1 thelpi hudhër e madhe, e grirë
- 1 limon i prerë me lëkurë
- 1 lugë gjelle mente të freskët
- ½ kastravec, i qëruar

Drejtimet:

a) Ngroheni furrën në 375 gradë. Përgatisni dy fletë pjekjeje duke i shtruar me letër kallaji dhe duke i spërkatur me sprej perimesh.

b) Nxehni 1 lugë gjelle vaj ulliri mbi nxehtësinë mesatare të lartë në një tigan mesatar. Shtoni qepët dhe pak kripë dhe ziejini derisa të jenë të tejdukshme. Transferoni qepët në një tas të madh.

c) Shtoni lugën e mbetur të vajit të ullirit në tigan dhe shtoni kungull i njomë i grirë. Spërkateni me pak kripë dhe gatuajeni derisa kungull i njomë të thahet dhe të zbutet - rreth 5 minuta. Transferoni kungull i njomë në tasin me qepë. Shtoni kaperin dhe domatet e thara në diell dhe përziejini që të kombinohen.

d) Vendoseni bukën në tasin e një mini përpunuesi ushqimor dhe pulsoni derisa të keni thërrime të imta buke. Shtoni majdanozin dhe pulsoni disa herë derisa majdanozi të copëtohet dhe të bashkohet mirë me thërrimet e bukës. Transferoni thërrimet e bukës në tas. Shtoni vezën, hudhrën, kripën kosher, piperin e zi, salcën Worcestershire, djathin parmixhano dhe nenexhikun në tas dhe përzieni.

e) Shtoni mishin e gjelit të detit dhe duke përdorur duart, vendosni gjelin në lidhës derisa të kombinohet mirë. Hiqni një lugë gjelle përzierje gjeldeti dhe rrotullojeni midis duarve tuaja për të formuar një qofte. Vendosni qoftet në fletën e biskotave rreth 1 inç larg njëri-tjetrit. Piqeni për 20-25 minuta derisa të skuqet lehtë dhe të gatuhet.

f) Ndërkohë bëni salcën tzatziki: Bashkoni hudhrën, limonin, nenexhikun dhe kastravecin në një tas të vogël dhe përzieni masën. Shtoni kosin dhe përzieni të bashkohet. Mbulojeni dhe ftoheni derisa të jeni gati për t'u shërbyer.

g) I kalojmë qoftet në një pjatë dhe i shërbejmë tzatziki anash.

80. Qofte perimesh dhe viçi Marinara

Shërben: 9

Përbërësit:

- 6 lugë çaji vaj ulliri, të ndara
- 4 thelpinj hudhra, të prera në feta, të ndara
- 1 (28 ons) kanaçe domate të grimcuara
- 1 lugë çaji kripë, e ndarë
- 1 lugë çaji sheqer
- 1 lugë çaji thekon spec të kuq të grimcuar, të ndara, sipas dëshirës
- 1 kungull i njomë i vogël, i prerë përafërsisht
- 1 karotë mesatare, e prerë përafërsisht
- ½ qepë e vogël e verdhë, e prerë përafërsisht
- ¼ filxhan gjethe majdanozi, plus më shumë për zbukurim
- 1 kile viçi pa dhjamë (kam përdorur 94% pa dhjamë)
- ½ filxhan tërshërë (kam përdorur tërshërë të prerë, por ju mund të përdorni tërshërë të shpejtë)
- ½ filxhan parmezan të grirë, plus më shumë për zbukurim
- 1 vezë e madhe, e rrahur

Drejtimet:

a) Ngrohni broilerin në nivele të larta. Sigurohuni që rafti i furrës të jetë rreth 4 inç nën burimin e nxehtësisë. Fërkoni 1 lugë çaji vaj ulliri mbi sipërfaqen e një fletë pjekjeje të mbyllur.

b) Në një tenxhere të madhe salce, ngrohni 5 lugët e mbetura të vajit të ullirit mbi nxehtësinë mesatare. Shtoni dy thelpinj hudhër dhe gatuajeni derisa të marrin ngjyrë të artë, rreth 3 minuta. Shtoni domate, $\frac{1}{2}$ lugë çaji kripë, sheqer dhe $\frac{1}{2}$ lugë çaji thekon piper të kuq (nëse dëshironi). Lëreni të vlojë, ulni nxehtësinë dhe ziejini të mbuluara për 10 minuta.

c) Ndërkohë, në një procesor ushqimi, bashkoni kungull i njomë, karrota, qepën, hudhrën e mbetur dhe majdanozin. Pulsoni derisa të grihet imët. Transferoni përzierjen e perimeve në një tas të madh. Shtoni mishin e viçit, tërshërën, parmixhanin, kripën e mbetur, copëzat e mbetura të piperit të kuq (nëse dëshironi) dhe vezën. Përziejini mirë.

d) Formoni përzierjen në qofte me diametër $1\frac{1}{2}$ inç. Vendosini në mënyrë të barabartë në tepsi të përgatitur. Ziejini derisa majat e qofteve të marrin ngjyrë kafe, rreth 5 minuta.

e) Kaloni butësisht qoftet në tenxhere me salcë dhe vazhdoni të gatuani të mbuluara për 10 minuta ose derisa qoftet të jenë gatuar. Hiqeni nga zjarri.

f) Shërbejeni si meze ose mbi spageti të gatuara si pjatë kryesore. Nëse dëshironi, zbukurojeni me majdanoz dhe parmixhan shtesë.

81. Qofte me 6 përbërës

Shërben: 12

Përbërësit:

- 0,8 – 1 lb mish viçi pa dhjamë (95% mish pa dhjamë/5% yndyrë)
- 1 qepë e vogël e verdhë, e grirë në rende
- $\frac{1}{4}$ filxhani majdanoz i freskët, i grirë
- 1 vezë
- ⅓ filxhan thërrime buke të thata
- 1 lugë çaji kripë dhe $\frac{1}{2}$ lugë çaji piper

Drejtimet:

a) Ngroheni furrën në 425 gradë.

b) Rreshtoni një fletë pjekjeje të rrethuar me letër furre.

c) kombinoni të gjithë përbërësit në një tas për përzierje. Duke përdorur duart, përzieni butësisht përbërësit derisa të përfshihen mirë.

d) Formoni mishin në topa, me diametër 1 inç duke rrotulluar butësisht midis duarve tuaja. Vendoseni në fletë pjekjeje, duke lënë të paktën 1 inç midis secilës.

e) Piqeni për 12 minuta. E heqim nga furra dhe e servirim ose e shtojmë në marinara.

82. Qofte gjeldeti, molle dhe sherebele

Shërben: 20

Përbërësit:

- 1½-2 paund gjeldeti i bluar
- 1 mollë e madhe, e grirë (rreth 1 filxhan, e paketuar; qëroni nëse dëshironi, por unë jo)
- ½ filxhan qepë të ëmbël të grirë hollë
- 2 vezë të mëdha, të rrahura
- 2 luge miell kokosi
- 2 lugë gjelle gjethe të freskëta të sherebelës të copëtuara lehtë
- ½ lugë çaji arrëmyshk
- Një majë bujare kripë
- ½ lugë çaji piper i zi i bluar

Drejtimet:

a) Në një tas të madh përzierjeje, përzieni së bashku gjelin e detit, mollën, qepën, vezët dhe miellin e kokosit derisa të kombinohen. Më pas përzieni sherebelën, arrëmyshkun, kripën dhe piperin derisa shijet të shpërndahen në mënyrë të barabartë.

b) Hidhni në 3 lugë gjelle topa dhe rrotullojeni midis pëllëmbëve për t'i lëmuar ato.

c) Ngrohni furrën në 350 dhe ngrohni paraprakisht disa lugë vaj në një tigan të sigurt për furrë. Skuqini qoftet, të paktën një centimetër larg njëri-tjetrit, derisa pjesa e poshtme të jetë kafe e errët dhe krokante (rreth 3-5 minuta) dhe më pas kthejeni dhe bëni të njëjtën gjë nga ana tjetër.

d) Transferoni tavën në furrën e nxehur më parë dhe piqeni për 9-12 minuta derisa të gatuhet (nuk ka mbetur rozë në qendër). Të miat ishin perfekte në 10 minuta.

e) Qoftet e ziera ose të paziera ruhen në një enë hermetike në frigorifer deri në 3 ditë, ose në frigorifer deri në 3 muaj.

83. Qofte aziatike me lustër mollë hoisin

Shërben: 24

Përbërësit:

Për qoftet

- ½ £ kërpudha cremini, të copëtuara përafërsisht (kërpudhat hiqen)
- 1 filxhan drithëra origjinale me krunde
- 1 £ gjeldeti i grirë shtesë
- 1 vezë
- 1 thelpi hudhër, e grirë imët
- ½ lugë çaji vaj susami i thekur
- 1 lugë çaji salcë soje të reduktuar me natrium
- 2 lugë gjelle cilantro, të prera imët
- 2 lugë qepë të njoma, të grira hollë
- ¼ lugë çaji kripë
- ¼ lugë çaji piper

Për salcën dhe garniturën

- ¼ filxhan salcë hoisin
- ¼ filxhan uthull vere orizi

- 1 filxhan salcë molle pa sheqer
- 2 lugë gjelle gjalpë molle
- 1 lugë gjelle salcë soje me natrium të reduktuar
- 1 lugë çaji vaj susami

Garniturat sipas dëshirës

- Kikirikë, të grimcuar
- Qepë të njoma, të prera hollë
- Farat e susamit

Drejtimet:

Për qoftet:

a) Ngrohni furrën në 400 F dhe vendosni një fletë të madhe pjekjeje me letër pergamene ose një silpat.

b) Duke përdorur një përpunues ushqimi, pulsoni kërpudhat derisa të arrijnë një konsistencë të ngjashme me mishin e bluar. Transferoni në një tas.

c) Shtoni All-Bran në procesorin e ushqimit dhe përpunojeni derisa të bëhet pluhur. Shtoni në tas.

d) Përzieni gjelin e detit, vezën, hudhrën, vajin e susamit të thekur, salcën e sojës, cilantron, qepët e njoma, kripën dhe piperin. Rrotulloni në 24 topa dhe vendosini në tepsi.

e) Piqni për 15-18 minuta, ose derisa të marrin ngjyrë kafe të artë nga jashtë, dhe të gatuhen plotësisht nga brenda.

Për salcën dhe garniturën:

f) Në një tigan të madh, kombinoni salcën hoisin, uthullën, salcën e mollës, gjalpin e mollës, salcën e sojës dhe vajin e susamit dhe ziejini në zjarr mesatar të ulët derisa të kombinohen plotësisht dhe të trashet.

Për të mbledhur:

g) Pasi qoftet të jenë zier, i shtoni në tiganin me salcë dhe i hidhni derisa të lyhen mirë.

h) Nëse dëshironi, zbukurojeni me kikirikë të grimcuar, susam dhe qepë të gjelbër të prerë në feta.

84. Kunguj te mbushur me qofte pule

Shërben: 4

Përbërësit:

- 2 kunguj lisi
- 1 luge vaj ulliri
- Kripë deti dhe piper i freskët i bluar
- 3 thelpinj hudhre, te grira
- 3 qepë, të grira trashë
- 1 filxhan gjethe cilantro (rrjedhët e hequra)
- 1 lb
- 2 lugë çaji qimnon të bluar
- ¼ filxhan panko
- ¼ deri në ½ filxhan Çelni kilin jeshil, të copëtuar
- 2 lugë arra pishe
- ¼ filxhan djathë Cotija – i grimcuar (opsionale)
- 1 avokado, lëkura dhe gropa e hequr
- 2 lugë kos të thjeshtë
- 1 lugë majonezë vaj ulliri

- Dhallë për të holluar nëse është e nevojshme
- cilantro shtesë për zbukurim

Drejtimet:

a) Ngrohni furrën në 400 gradë (375 gradë në furrën e konvekcionit). Pritini me kujdes të dy skajet e kungujve tuaj. Prisni pjesën e mbetur në rrumbullakët nga 1½ në 3 inç - që mund të jenë 2 ose 3 copë. Vendoseni në një tepsi, lyeni me vaj ulliri dhe rregulloni me kripë dhe piper. Vendoseni në qendër të furrës tuaj të nxehur më parë për 15 deri në 20 minuta ndërsa bëni mbushjen.

b) Në tasin e një përpunuesi ushqimi, shtoni hudhrën, qepët dhe cilantron. Pulsoni disa herë derisa të copëtohen imët, por jo të bëhen pure.

c) Shtoni përzierjen e cilantros në një tas të madh përzierjeje me pulën e bluar. Shtoni qimnonin dhe pankon. Përziejini mirë. Duart funksionojnë më së miri! Palosni kilin e gjelbër, arrat e pishës dhe cotija nëse përdorni. Mos e përzieni shumë, por përpiquni ta përfshini në të gjithë përzierjen e pulës. Formoni 4-5 topa në varësi të numrit të fetave të kungujve të lisit dhe preferencave tuaja.

d) Hiqni kungujt nga furra. Vendosni një qofte në qendër të çdo fete. Kthejeni në furrë për rreth 25 minuta shtesë. Koha varet nga madhësia e qofteve tuaja. Nëse futni një pirun në qofte, ai duhet të jetë mjaft i fortë dhe kungulli duhet të jetë mjaft i butë.

e) Ndërsa qoftet dhe kungujt janë duke u gatuar, kombinoni avokadon, kosin, majonezën, kripën dhe piperin në një blender ose procesor ushqimi. Procedoni derisa të jetë e qetë. Kontrolloni erëza. Shtoni dhallë në konsistencën e dëshiruar. Më pëlqen pak më e lirshme se majoneza - e trashë, jo e lëngshme!

f) Kur të jeni gati për t'u servirur, vendosni një copë kremi me avokado në çdo shërbim dhe zbukurojeni me cilantro. Kënaquni!

85. Qofte pule me skarë me mjaltë

Shërben: 4

Përbërësit:

Për qoftet

- 1 paund pulë e bluar
- 1 filxhan thërrime buke
- ¼ filxhan qepë jeshile të prera hollë
- 2 vezë të mëdha, të rrahura
- 2 lugë majdanoz të freskët të grirë me gjethe të sheshta
- 1 lugë çaji hudhër të grirë
- ½ lugë çaji kripë
- ¼ lugë çaji piper i zi i bluar

Për salcën barbeque

- 1 (8 oz.) kanaçe salcë domatesh
- ¼ filxhan mjaltë
- 1 lugë gjelle salcë Worcestershire
- 1 lugë gjelle uthull vere të kuqe
- ½ lugë çaji pluhur hudhër

- ½ lugë çaji kripë
- ⅛ lugë çaji piper i zi i bluar

Drejtimet:

a) Ngrohni furrën në 400 gradë F. Vini një fletë pjekjeje me letër alumini dhe spërkateni me llak gatimi.

b) Përgatisni qoftet. Në një tas të madh, shtoni të gjithë përbërësit e qofteve dhe përzieni lehtë së bashku me duart tuaja. Mos e përzieni shumë pasi kjo do të prodhojë qofte të fortë.

c) Përdorni duart tuaja për të hapur 12-14 qofte me madhësi topi golfi dhe përhapini ato në tepsi.

d) Piqni për 15 minuta, ose derisa qoftet të jenë gatuar.

e) Ndërkohë përgatisim salcën barbeque. Në një tas mesatar, përzieni të gjithë përbërësit e salcës derisa të kombinohen mirë. Transferoni salcën në një tenxhere të madhe me salcë. Kthejeni nxehtësinë në mesatare në të lartë dhe lëreni të gatuhet për 7-8 minuta, duke e përzier herë pas here. Salca do të fillojë të trashet.

f) Ulni nxehtësinë në minimum. Shtoni qoftet e gatuara në salcë dhe përziejini butësisht për të mbuluar qoftet. I lëmë qoftet të ziejnë në salcë për 5 minuta duke i përzier herë pas here.

86. Qofte me patate të ëmbël gjeldeti

Shërben: 16

Përbërësit:

- 1 kile gjeldeti i grirë pa yndyrë
- 1 filxhan patate të ëmbël të gatuar, pure
- 1 vezë
- 2 thelpinj hudhre, te grira
- 1 – 2 jalapenos, të grira
- 1/2 filxhan vakt bajame (ose thërrime buke)
- 1/2 filxhan qepë, të prerë në kubikë
- 2 shirita proshutë, të prera në kubikë

Drejtimet:

a) kombinoni të gjithë përbërësit në një tas të madh.

b) Përziejini mirë dhe formoni toptha (kam bërë rreth 16).

c) Piqeni në 400 gradë për 18-20 minuta (ose derisa temperatura e brendshme të arrijë 165 gradë), duke e rrotulluar një herë.

Qofte VEGAN

87. Topa tofu

Përbërësit:

- 6 gota ujë; duke vluar
- 5 gota tofu; i shkërmoqur
- 1 filxhan thërrime buke me kokërr të plotë
- $\frac{1}{4}$ filxhan Tamari
- $\frac{1}{4}$ filxhan Maja ushqyese
- $\frac{1}{4}$ filxhan gjalpë kikiriku
- Zëvendësues i vezëve për 1 vezë
- $\frac{1}{2}$ filxhan qepë; i grirë imët
- 4 thelpinj hudhër; e shtypur
- 1 lugë çaji trumzë
- 1 lugë çaji borzilok
- $\frac{1}{4}$ lugë çaji farë selino
- $\frac{1}{4}$ lugë çaji Karafil; terren

Drejtimet:

a) Hidhni të gjithë, përveç 1 filxhan tofu të grimcuar në ujin e vluar. Shtypni tofu.

b) Shtoni përbërësit e mbetur në tofu të shtypur dhe përziejini mirë.

c) Formoni masën në formë topa me madhësi arre dhe vendosini në një tepsi të lyer mirë me vaj.

d) Piqeni në 350 gradë për 20-25 minuta ose derisa topat të jenë të fortë dhe të marrin ngjyrë kafe. Kthejini ato një herë gjatë pjekjes nëse është e nevojshme.

88. Makarona me qofte vegane me një tenxhere

Përbërësit:

- 250 g/9oz lulelakër, të ziera
- 200g/7oz spinaq i grirë i copëtuar, i shkrirë
- 400 gr fasule te zeza te kulluara
- 2 thelpinj hudhre, te grira ose te grira
- 2 lugë çaji salcë soje
- 1 lugë çaji barishte të thata të përziera
- 150 g/5½oz tërshërë
- salcë

Drejtimet:

a) Gatuani lulelakrat në një tigan me ujë të valë.

b) Grini lulelakrën në një tas dhe më pas shtoni spinaqin, fasulet, hudhrën, salcën e sojës dhe barishtet e përziera. Punojeni përzierjen së bashku me një matës patate për të formuar një pastë të ashpër.

c) Përzieni tërshërën në një pluhur të imët, më pas shtoni në tas dhe përzieni që të kombinohen. Rrotulloni përzierjen në toptha.

d) Skuqini topat e perimeve në tufa deri në kafe të artë. Hidhni salcën në tavë dhe më pas rregulloni makaronat e thata sipër. Piqem

89. Topa mishi vegan të pjekur në furrë

Përbërësit:

- 1 lugë gjelle fara liri të bluara
- 1/4 filxhan + 3 lugë supë perimesh
- 1 qepë e madhe, e qëruar dhe e prerë në katërsh
- 2 thelpinj hudhër, të qëruara
- 12 oz (0,75 lb)/ 340 gram mish i bimës Impossible Burger
- 1 filxhan thërrime buke
- 1/2 filxhan djathë parmixhano vegan
- 2 lugë majdanoz të freskët, të grirë hollë
- Kripë dhe piper, për shije
- Spërkatje me vaj gatimi (nëse gatuhet duke e përdorur në sobë)

Drejtimet:

a) Shtoni qepën dhe hudhrën në një përpunues ushqimi dhe ziejini derisa të bëhen pure.

b) Në një tas të madh përzierjeje shtoni vezën e lirit, 1/4 filxhan lëng perimesh, qepën dhe hudhrën pure, mishin e bimës Impossible Burger, thërrimet e bukës, djathin parmixhano vegan, majdanozin dhe pak kripë dhe piper. Përziejini mirë që të bashkohen.

c) Formoni përzierjen e qofteve vegan në 32 topa.

d) Vendosni qoftet vegan në tepsi me rreshtim dhe piqini në furrë për rreth 10 minuta, ose derisa të marrin ngjyrë kafe të artë.

90. Qofte pa mish

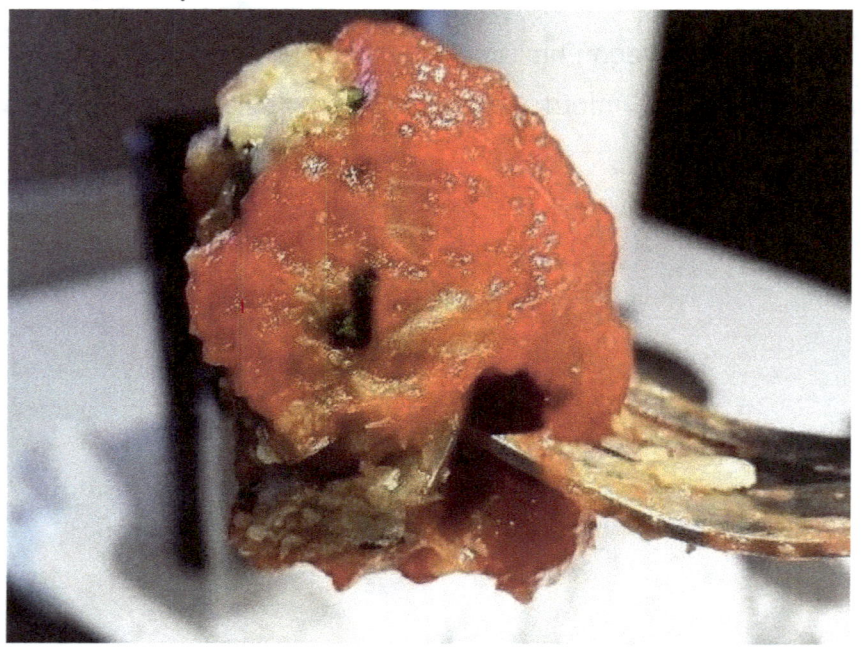

Përbërësit:

- 1 luge vaj ulliri
- 1 kile kërpudha të bardha të freskëta
- 1 majë kripë
- 1 lugë gjelle gjalpë
- ½ filxhan qepë të grirë hollë
- 4 thelpinj hudhre, te grira
- ½ filxhan tërshërë që gatuhet shpejt
- 1 ons Parmigiano i grirë shumë imët
- ½ filxhan thërrime buke
- ¼ filxhan majdanoz me gjethe të sheshta (italian) të copëtuar
- 2 vezë, të ndara
- 1 lugë çaji kripë
- piper i zi i sapo bluar per shije
- 1 majë piper kajen, ose për shije
- 1 majë rigon të tharë
- 3 gota salcë makaronash
- 1 lugë gjelle Parmigiano të grirë shumë imët
- 1 lugë majdanoz të copëtuar me gjethe të sheshta (italian), ose sipas shijes

Drejtimet:

a) Ngrohni vajin e ullirit në një tigan mbi nxehtësinë mesatare-të lartë. Shtoni kërpudhat në vajin e nxehtë, spërkatni me kripë dhe gatuajeni dhe përzieni derisa lëngu nga kërpudhat të avullojë.

b) Përzieni gjalpin në kërpudha, zvogëloni nxehtësinë në mesatare dhe gatuajeni dhe përzieni kërpudhat derisa të marrin ngjyrë kafe të artë, rreth 5 minuta

91. Qofte vegjetariane

Përbërësit:

- 1 filxhan thjerrëza të thata (ose 2 1/2 gota të gatuara)
- 1/4 filxhan vaj ulliri
- 1 qepë e vogël, rreth 1 filxhan i grirë
- 8 oz kërpudha Cremini
- 3 thelpinj hudhre, te grira
- 1 1/2 filxhan bukë panko
- Pini erëza italiane dhe kajen
- 2 1/2 lugë çaji kripë, e ndarë
- 2 vezë
- 1 filxhan djathë parmixhano

Drejtimet:

a) Në një tas të madh hidhni së bashku gjysmat e domates së bashku me 1 lugë çaji erëza italiane, 1 lugë çaji kripë dhe 1/4 filxhani vaj ulliri.

b) Pulsoni kërpudhat në një përpunues ushqimi derisa të kenë madhësinë e bizeles.

c) Kur vaji të nxehet, shtoni qepën dhe skuqeni për rreth 3 minuta, derisa të jetë e tejdukshme. Shtoni hudhrat dhe kërpudhat dhe skuqini.

d) Në një tas të madh kombinoni përzierjen e thjerrëzave me kërpudha së bashku me thërrimet e bukës panko dhe erëzat. Formoni topa dhe piqni.

92. Qofte me rigon me limon

Përbërësit:

- 1 lugë gjelle fara liri të bluara
- 1 lugë gjelle vaj ulliri, plus shtesë
- 1 qepë e vogël e verdhë dhe 3 thelpinj hudhër
- Majë rigon, pluhur qepë, tamari
- ½ lugë çaji djegës të bluar
- kripë deti dhe piper i zi i bluar, për shije
- 1 ½ lugë gjelle lëng limoni dhe lëvore
- 1 filxhan gjysma arre
- ¾ filxhan tërshërë të mbështjellë
- 1 ½ filxhan fasule të bardha të gatuara
- ¼ filxhan majdanoz të freskët dhe ¼ filxhan kopër të freskët

Drejtimet:

a) Në një tas të vogël, bashkoni lirin e bluar dhe ujin. Kaurdisni qepët dhe shtoni hudhrën dhe rigonin.

b) Shtoni majanë ushqyese, djegësin, pluhurin e qepës, kripën dhe piperin në tigan dhe përziejini për rreth 30 sekonda. Hidhni lëngun e tyre të limonit.

c) Pushoni arrat, fasulet dhe tërshërën derisa të keni një vakt të trashë. Shtoni përzierjen e xhelit të lirit, përzierjen e qepës dhe hudhrës së skuqur, tamarin, lëkurën e limonit, majdanozin, koprën dhe majë të mëdha kripë dhe piper.

d) E rrotullojmë në një top dhe i pjekim qoftet për 25 minuta.

93. Qofte me thjerrëza

Përbërësit:

- 1 qepë e verdhë e grirë imët
- 1 karotë e madhe e qëruar dhe e prerë në kubikë
- 4 thelpinj hudhra te grira
- 2 gota thjerrëza jeshile të gatuara (rreth 3/4 filxhani të thata) ose 2 gota të konservuara
- 2 lugë pastë domate
- 1 lugë çaji rigon
- 1 lugë çaji borzilok të thatë
- 1/4 filxhan maja ushqyese
- 1 lugë çaji kripë deti
- 1 filxhan fara kungulli

Drejtimet:

a) Formoni një top
b) Piqem

94. Kopjoni Ikea Balls Veggie

Përbërësit:

- 1 kanaçe qiqra (e konservuar) 400 g / 14 oz
- 1 filxhan Spinaq i ngrirë
- 3 karota (të mesme)
- ½ piper zile
- ½ filxhan misër i ëmbël (i konservuar)
- 1 filxhan bizele jeshile
- 1 qepë (e mesme)
- 3 thelpinj hudhër
- 1 filxhan miell tërshërë
- 1 luge vaj ulliri
- Erëza

Drejtimet:

a) Shtoni të gjitha perimet në një përpunues ushqimi dhe pulsoni derisa të jenë copëtuar imët. Gatuaj.

b) Tani shtoni spinaqin e ngrirë, por të shkrirë ose të freskët, sherebelën e tharë dhe majdanozin e tharë. Përziejini dhe gatuajeni për 1-2 minuta.

c) Shtoni qiqrat e konservuara dhe Pulse derisa të bashkohen.

d) Për të bërë topa perimesh, hiqni një top si akullore dhe më pas përfundoni duke e formuar me duar.

e) Vendosni topat në një letër pjekjeje ose një fletë pjekjeje. I pjekim për 20 minuta derisa të kenë një kore krokante.

95. Qofte quinoa

Përbërësit:

- 2 gota quinoa të gatuar
- ¼ filxhan djathë parmixhano, i grirë
- ¼ filxhan djathë aziago, i grirë
- ¼ filxhani borzilok i freskët, i grirë
- 2 lugë gjelle cilantro të freskët, të grirë
- 1 lugë çaji rigon i freskët, i grirë
- ½ lugë çaji trumzë e freskët
- 3 doreza të vogla hudhre, të grira imët
- 1 vezë e madhe
- 2 majë të mëdha kripë kosher
- ½ lugë çaji piper i zi
- ¼ filxhani thërrime buke të stazhionuara italiane
- 1 majë deri në ¼ lugë çaji thekon spec të kuq të grimcuar

Drejtimet:

a) Përziejini së bashku të gjithë përbërësit në një tas të madh. Hidhni pak vaj ulliri në tiganin e parangrohur.

b) Formoni një qofte pak më të vogël se një top golfi dhe vendosni qoftet në tigan duke filluar nga qendra. .

c) E pjekim në tigan ose e kalojmë në një tepsi të mbyllur dhe e pjekim në furrë të parangrohur për 25 minuta.

96. Qofte me qiqra pikante

Përbërësit:

- 1 lugë gjelle miell fara liri
- 14 ons kanaçe qiqra, të kulluara dhe të shpëlarë
- 1 1/2 filxhan farro të gatuar
- 1/4 filxhan tërshërë të modës së vjetër
- 2 thelpinj hudhra, të shtypura
- 1 lugë çaji rrënjë xhenxhefili të grirë imët
- 1/2 lugë çaji kripë
- 1 lugë gjelle vaj susami të nxehtë kili
- 1 lugë gjelle sriracha

Drejtimet:

a) Ngrohni furrën tuaj në 400 gradë Fahrenheit. Rreshtoni një tepsi me fletë metalike dhe vendoseni ndihmësin.

b) Kombinoni miellin e farave të lirit me 3 lugë gjelle ujë; përzieni dhe lëreni të pushojë për 5 minuta.

c) Vendosni qiqrat, farron, tërshërën, hudhrën, xhenxhefilin, kripën, vajin e susamit dhe sriracha në tasin e një përpunuesi ose blenderi të madh ushqimi. Hidhni përzierjen e pushuar të lirit ("vezën e lirit") dhe pulsoni derisa përbërësit të jenë bashkuar.

d) E rrotullojmë masën në topa me një lugë gjelle dhe e pjekim.

97. Qofte vegane me kërpudha

Përbërësit:

- 1 lugë gjelle fara liri të bluar
- 3 lugë ujë
- 4 ons kërpudha bella bella
- ½ filxhan qepë të prerë në kubikë
- 1 lugë gjelle vaj ulliri të ndarë
- ¼ lugë çaji kripë
- 1 lugë gjelle salcë soje
- 1 lugë erëza italiane
- 1 kanaçe (15 ons) qiqra të kulluara
- 1 filxhan bukë të thjeshtë
- 1 lugë maja ushqyese
- 1 lugë çaji salcë Worcestershire

Drejtimet:

a) Pritini përafërsisht kërpudhat dhe prisni qepën në kubikë.

b) Në një tigan të mesëm, ngrohni 1 lugë gjelle vaj ulliri mbi nxehtësinë mesatare në të lartë. Pasi të nxehet, shtoni kërpudhat dhe qepën dhe spërkatni me ¼ lugë çaji kripë. Skuqeni për 5 minuta, ose derisa kërpudhat të jenë zbutur.

c) Shtoni salcën e sojës dhe erëzat italiane dhe gatuajeni edhe për një minutë.

d) Kombinoni qiqrat, vezën e lirit, thërrimet e bukës, majanë ushqyese, salcën Worcestershire dhe qepën e skuqur dhe kërpudhat në një përpunues ushqimi me një pajisje standarde të tehut. Pulsi derisa të prishet kryesisht. Disa copa të vogla qiqre ose kërpudha duhet të ekzistojnë ende.

e) Përdorni duar të pastra për të rrotulluar përzierjen e qofteve në 12 topa afërsisht të madhësisë së ping-pongut.

f) Piqeni për 30 minuta në furrë 350 gradë.

98. Spageti me topa mishi vegan

Përbërës

- 3 qepë
- ½ paund Kërpudha -- të prera në feta
- 4 lugë vaj ulliri
- 1 kanaçe Domate
- 1 kanaçe Pastë domate
- 1 kërcell selino të copëtuar
- 3 karota të grira
- 6 lugë gjelle gjalpë
- 3 vezë të rrahura
- 1½ filxhan vakt Matzo
- 2 gota bizele të gjelbra të gatuara
- 1 lugë çaji kripë dhe ¼ lugë çaji piper
- 1 kile spageti, të gatuara
- Djathë zviceran i grirë

Drejtimet:

a) Ziejini qepët dhe kërpudhat e prera në kubikë në vaj për 10 minuta. Shtoni domatet, pastën e domates dhe rigonin.

Mbulojeni dhe ziejini në zjarr të ulët për 1 orë. Erëza e duhur.

b) Gatuajini qepët e grira, selinon dhe karotat në gjysmën e gjalpit për 15 minuta. I ftohtë. Shtoni vezët, 1 filxhan miell matzo, bizelet, kripë dhe piper.

c) Rrokullisni në topa të vegjël dhe zhyteni në ushqimin e mbetur të matzo-s.

ËMBËLLËMBËLIRËS ME QOPLE

99. Byrek bariu me qofte

Serbimet: 6

Përbërësit:

- 1 - 26 oz. qese me qofte viçi
- 1 - 12 oz. kavanoz i përgatitur lëng mishi
- 1 - 16 oz. qese perime të përziera të ngrira (të shkrira aq sa të ndahen)
- 1 kuti me salcë kosi dhe pure patatesh qiqrash (që përmbajnë 2 thasë)
- 1/2 filxhan djathë parmixhano të grirë

Drejtimet:

a) Ngroheni furrën në 350°F. Shkrini qoftet në mikrovalë për 1 minutë. Pritini çdo qofte në gjysmë.

b) Në një tas të madh, përzieni së bashku qoftet e përgjysmuara, lëngun e mishit dhe perimet e përziera të ngrira. Hidheni përzierjen në një enë pjekjeje të lyer me yndyrë 9" x 13".

c) Përgatisni të dy qeskat me kosin dhe patatet me qiqra, duke shtuar qumësht, ujë të nxehtë dhe gjalpë sipas udhëzimeve të paketimit.

d) Përhapeni patatet e përgatitura mbi masën e qofteve.

e) I spërkasim patatet me djathë parmixhano dhe i pjekim për 20-25 minuta.

100. Byrek me qofte spageti

Shërbim: 4-6

Përbërësit:

- 1 - 26 oz. qese me mish viçi Qofte
- 1/4 filxhan piper jeshil i copëtuar
- 1/2 filxhan qepë të copëtuar
- 1 - 8 oz. spageti pako
- 2 vezë të rrahura pak
- 1/2 filxhan djathë parmixhano të grirë
- 1-1/4 filxhan djathë mocarela të grirë
- 26 oz. kavanoz salcë spageti të trashë

Drejtimet:

a) Ngrohni furrën në 375°F. Kaurdisni specat dhe qepët derisa të zbuten, rreth 10 minuta. Le menjane.

b) Gatuani spagetin, kullojini dhe shpëlajini me ujë të ftohtë dhe thajini. Vendoseni në një tas të madh përzierjeje.

c) Shtoni vezët dhe djathin parmixhano dhe i përzieni që të bashkohen. Shtypeni përzierjen në fund të një pjate byreku 9" të spërkatur. Sipër shtoni 3/4 filxhan djathë mocarela të grirë. Shkrini qoftet e ngrira në mikrovalë për 2 minuta.

d) Pritini çdo qofte në gjysmë. Shtroni gjysmat e qofteve mbi përzierjen e djathit. Kombinoni salcën e spagetit me specat dhe qepët e ziera.

e) Lugë mbi shtresë qofte. Mbulojeni lirshëm me fletë metalike dhe piqni për 20 minuta.

f) Hiqeni nga furra dhe spërkatni 1/2 filxhan djathë mocarela mbi përzierjen e salcës së spagetit.

g) Vazhdoni të piqni pa mbuluar edhe për 10 minuta të tjera derisa të marrë flluska. Pritini në copa dhe shërbejeni.

PËRFUNDIM

Kur ne kërkojmë një darkë të shpejtë, të lehtë dhe të shijshme për të bërë në natën e javës së ngarkuar, qoftet gjithmonë vijnë në mendje. Zakonisht janë gati në vetëm 30 minuta, thithin aq mirë shije dhe erëza të ndryshme në mënyrë që të mund t'i personalizoni plotësisht dhe pëlqehen nga e gjithë familja - fëmijët dhe të rriturit. Pra, nëse po pyesni veten "si të bëni qofte", jeni në vendin e duhur. Këto receta qofte, duke përfshirë qofte mishi të bluar, qofte gjeli të bluar, qofte vegjetariane, qofte të shijshme dhe të tjera, mund të shërbehen më vete si meze me madhësi të vogël në ditën e lojës, mbi një tas me oriz ose të mbështjellë me bukë pita.

www.ingramcontent.com/pod-product-compliance
Lightning Source LLC
Chambersburg PA
CBHW070504120526
44590CB00013B/740